C.H.BECK WISSEN

«Zerreißt den Mantel der Gleichgültigkeit!» Der Widerstandskreis der «Weißen Rose» prangerte ab dem Sommer 1942 in Flugblättern das NS-Regime an und rief zur Beendigung des Kriegs auf. Am 18. Februar 1943 wurden Hans und Sophie Scholl beim Auslegen des sechsten Flugblatts in der Münchner Universität ertappt. Der Kreis, dem außerdem die Studenten Alexander Schmorell, Willi Graf und Christoph Probst sowie der Musikwissenschaftler und Philosoph Kurt Huber angehörten, flog auf. Niemand überlebte die Unrechtsjustiz. Robert Zoske beschreibt eindringlich und auf der Höhe der aktuellen Forschung, was die Akteure antrieb, aus welchen Quellen sich ihr christliches und humanistisches Denken speiste und warum ihr mutiges Handeln bis heute ein Vermächtnis ist.

Robert M. Zoske, Dr. phil., evangelischer Theologe, war bis 2017 Pastor in Hamburg. Seine Biographien «Flamme sein!» über Hans Scholl (C.H.Beck Paperback 2021) und «Es reut mich nichts» über Sophie Scholl (Ullstein 2021) haben eine breite Resonanz gefunden.

Robert M. Zoske

DIE WEISSE ROSE

Geschichte, Menschen, Vermächtnis

C.H.Beck

beatrix zuliebe

Mit 16 Abbildungen

Originalausgabe

www.chbeck.de
Reihengestaltung Umschlag: Uwe Göbel (Original 1995, mit Logo), Marion Blomeyer (Überarbeitung 2018)
Umschlagabbildung: Hans Scholl, Sophie Scholl und Christoph Probst am Münchner Ostbahnhof, 23. Juli 1942; © George (Jürgen) Wittenstein/akg-images
Satz: C.H.Beck.Media.Solutions, Nördlingen
Druck und Bindung: Druckerei C.H.Beck, Nördlingen
Printed in Germany
ISBN 978 3406 79745 3

myclimate

klimaneutral produziert
www.chbeck.de/nachhaltig

Inhalt

Einleitung: Spurensuche

A ma petite sœur!

Zu Deinem Geburtstag dieser Gruss! Ich möchte Dir wünschen, dass diese Zeit in Deinem Gesichte keine allzu tiefen Spuren hinterlasse. Wir wollen uns daran erinnern, dass es Sphären des menschlichen Geistes gibt, die zeitlos sind und das alles umspannende Netz der modernen Naturwissenschaft ist unser schönstes Arbeitsgebiet. Da sind wir auf Gottes Spuren.

Viele Grüße! Dein Hans.

Sophie Scholl war zwanzig Jahre alt, als sie die Grüße ihres Bruders empfing. Ihren Geburtstag am 9. Mai 1941 musste sie in einem Lager des Reichsarbeitsdienstes in Krauchenwies bei Sigmaringen verbringen, Hans studierte Medizin in München. Acht Jahre zuvor hatte Adolf Hitler die Macht übernommen. Die damals elf und vierzehn Jahre alten Geschwister hatten zunächst fasziniert die «nationale Erneuerung» begrüßt, wandten sich dann aber von der rassistischen Diktatur ab, die die Nationalsozialisten errichteten. In Deutschland herrschten Indoktrination, Anpassungsdruck und Gesinnungsterror, die Opposition wurde ausgeschaltet, Gegner in Konzentrationslager eingekerkert, Juden systematisch verfolgt, vertrieben, vernichtet. Wen das nicht betraf oder berührte, der war mit der Politik Hitlers größtenteils zufrieden, denn innen- und außenpolitisch gab es Erfolge: Die Arbeitslosigkeit war beseitigt, das Saarland, Österreich und das Sudetenland waren seit 1938 Teil des «Großdeutschen Reiches», wie es seit März 1939 offiziell hieß. Dass dies alles mit einer exorbitanten militärischen Aufrüstung und mit Gewalt als Mittel der Politik einherging, störte die meisten nicht. Sie fühlten sich als Teil der «Volksgemeinschaft», die nach der Niederlage im Ersten Weltkrieg und der Weimarer Republik endlich einen starken «Führer» hatte. Man war wieder stolz, Deutscher zu sein. Dass Hitlers Wehrmacht ab September 1939 halb Europa mit Krieg überzog und unterjochte, war die Übersteigerung dieser Großmachtpolitik.

Im Sommer 1941 befand man sich im dritten Kriegsjahr. Hitler hatte inzwischen Polen, Frankreich, die Niederlande, Belgien, Dänemark, Norwegen, den Balkan und Griechenland besetzt und am 22. Juni die Sowjetunion angegriffen. Auch in der Heimat gab es Kriegszerstörungen und Tote. Einen Tag vor Sophies Geburtstag bombardierte die Royal Air Force Ziele in Norddeutschland.

In dieser Zeit wollten die Geschwister den «Sphären des menschlichen Geistes» nachspüren, wie Hans schrieb. Das war ein Gegenentwurf zur völkischen Religiosität der Nationalsozialisten und bedeutete eine neue Orientierung, denn die Scholl-Kinder hatten in Ulm tatkräftig am Aufbau des NS-Staates mitgewirkt: Die ältere Schwester Inge war als Ringführerin im Bund Deutscher Mädel (BDM) für rund sechshundert Mädchen verantwortlich gewesen, Elisabeth und Sophie als Gruppenführerinnen und Hans als Fähnleinführer der Hitlerjugend (HJ) für jeweils einhundertfünfzig Jugendliche. Sophie äußerte sich bereits 1939 kriegskritisch, erfüllte aber noch im März 1941 freiwillig ihre «Pflicht» im BDM. Hans hatte sich zwar nach seinem Prozess 1938 wegen bündischer Betätigung und Homosexualität vom Nationalsozialismus entfremdet, gleichwohl erwartete er im September 1939 vom Krieg gegen Polen eine reinigende, erlösende Wirkung. Als er seiner Schwester Sophie im Mai 1941 Geburtstagsgrüße sandte, waren beide desillusioniert vom Nationalsozialismus; aber bis zum aktiven Widerstand war es für sie noch ein weiter Weg.

Im Frühjahr und Sommer 1941 wurde für Hans Scholl die Begegnung mit Alexander Schmorell entscheidend, um seine wachsenden Vorbehalte gegenüber dem Nationalsozialismus intellektuell und politisch zu ordnen. Schmorell wurde sein engster und «einziger Freund», mit dem er ein Jahr später die ersten vier Flugblätter produzierte. Beide waren die prägenden Persönlichkeiten im Widerstand der «Weißen Rose».

1. Freundschaft und Glaube: Frühjahr und Sommer 1941

Hans Scholl und Alexander Schmorell lernten sich im Frühjahr 1941 in München kennen. Die zweiundzwanzig und dreiundzwanzig Jahre alten Soldaten waren für das Medizinstudium beurlaubt und im April derselben Studentenkompanie in der Kaserne einer ehemaligen Schule zugeteilt worden. Die Freundschaft der eigensinnigen jungen Menschen wuchs rasch. Zu Feldwebeln befördert, mussten sie nicht mehr in der Unterkunft wohnen, und da sie nur bis 14 Uhr Dienst hatten, blieb ihnen reichlich Zeit für gemeinsame Unternehmungen in München und Umgebung. Mitte November vertiefte sich ihre Freundschaft, als sie eine neuntägige Paddelbootfahrt auf der Donau unternahmen. Offensichtlich begannen die beiden in der Adventszeit 1941, ihre Position und Verantwortung in der aktuellen politischen Situation Deutschlands erstmals in Worte zu fassen. Ein Hinweis darauf findet sich in einem vorweihnachtlichen Schreiben Alexander Schmorells:

> Gestern abend war Weihnachtsfeier unserer Kompanie. Ich ging aber nicht hin – was sollte ich auch dort? Hans war dann noch bei mir, wir rauchten einige Pfeifen bei der Kerze, sprachen sehr wenig. Nur kurze «Gespräche über Verantwortungsgefühl». – Ich liebe solche «Skizzengespräche» am meisten. Wenn man durch Worte doch nicht restlos alles sagen kann – und das ist doch meistens so, ausser bei wissenschaftlichen Unterhaltungen, – dann sollte man sich lieber mit solchen skizzenhaft hingeworfenen Gesprächen begnügen. Wenn dann der andere das, was Du sagen willst, verstehen soll, dann wird er es auch verstehen. Es müssen eben in gewissem Masse verwandt fühlende Menschen sein. Noch schöner ist es ja bei Liebenden – bei ihnen sagt Schweigen am meisten. Das ist ja überhaupt das schönste «Der innere Mensch hat keine Zunge». (Schmorell/Probst, 20.12.1941)

Schmorell zitierte hier Jean Paul: «Die Freundschaft und die Liebe gehen mit verschlossenen Lippen über diese [Erden-] Kugel und der innere Mensch hat keine Zunge.» Er bekundete damit eine einzigartige geistige und emotionale Verwandtschaft der Freunde. Sie ging so weit, dass sie einander mit nur wenigen Worten, fast stumm, verstanden. Das ist umso bemerkenswerter, als sich ihr bisheriges Leben sehr voneinander unterschied.

Hans Scholl: Sehnsucht nach Freiheit

Fritz Hans Scholl wurde am 22. September 1918 im württembergischen Hohenloher Land geboren. Sein Vater Robert war Bürgermeister in Ingersheim an der Jagst, das heute zu Crailsheim gehört. Die Mutter Magdalene (Lina) arbeitete bis zu ihrer Heirat als Diakonisse. Sie gab ihre tiefe, fröhliche Frömmigkeit an ihre Kinder weiter und stärkte so ihr Gott- und Selbstvertrauen. Die Eltern waren liberal und pazifistisch, fromm und opferbereit, von ihnen lernten die Kinder das Denken und den Glauben. Trotz seiner frühen Distanz zu Hitler hatte sich der Vater in den dreißiger Jahren mit den Machthabern arrangiert. Er war mit dem Kreisleiter der Nationalsozialistischen Deutschen Arbeiterpartei (NSDAP) Ferdinand Dietrich befreundet, warb auf seinem Briefpapier mit der Mitgliedschaft im NS-Rechtswahrerbund, und 1936 bestätigte ihm die NSDAP politische Zuverlässigkeit. Mit Beginn des Krieges wuchs jedoch seine Ablehnung. 1942 musste er aufgrund einer kritischen Bemerkung über Hitler für vier Monate ins Gefängnis. Nach der Hinrichtung seiner Kinder Hans und Sophie wurde er 1943/44 in «Sippenhaft» genommen und saß wegen «Rundfunkverbrechen» fast zwei Jahre ein.

Roberts und Magdalenes Sohn Hans wuchs zusammen mit seiner älteren Schwester Inge und den jüngeren Geschwistern Elisabeth, Sophie und Werner auf. Die Jüngste, Thilde, starb noch im Säuglingsalter. In der bildungsbürgerlichen Familie wurde viel gelesen, musiziert und diskutiert. Von Widersetzlich-

Hans Scholl als Student in München, um 1940

keit zeugt das Familienmotto, ein Goethe-Wort: «Allen Gewalten zum Trutz sich erhalten.» Nach Ingersheim war Robert Scholl von 1920 bis 1930 Bürgermeister in Forchtenberg, einem 850-Seelen-Ort im Hohenlohischen. Als seine Wiederwahl scheiterte, zog die Familie nach Ludwigsburg, wo er für zwei Jahre die Geschäftsführung einer Genossenschaft in Stuttgart übernahm. 1932 wurde er in Ulm zunächst Teilhaber, bald darauf alleiniger Inhaber einer Kanzlei für Steuerberatung und Wirtschaftsprüfung. Die Familie lebte nun in der Donaustadt.

Hans Scholl war 1931 zuerst Mitglied im Christlichen Verein Junger Männer (CVJM), bevor er 1933 in das Deutsche Jungvolk (DJ) in der Hitlerjugend (HJ) eintrat und dort aufstieg. Er wurde Gruppenführer und war einer von drei Fahnenträgern aus Ulm, die 1935 am Reichsparteitag der NSDAP in Nürnberg teilnahmen. Die fränkische Metropole firmierte seit dem Beginn der NS-Herrschaft als «Stadt der Reichsparteitage». Neben seinen HJ-Jungen bildete Hans einen exklusiven Kreis, den er nach den Idealen der «deutschen autonomen jungenschaft (dj.1.11)» – benannt nach deren Gründung am 1. November 1929 – formte. Mit dieser Elitegruppe wollte er mit an der Zukunft des neuen

Deutschland bauen. «Wir wollen doch Flamme sein!», prägte er seiner Gefolgschaft, den «Trabanten», ein. Der Gründer der dj.1.11, Eberhard Koebel, hat die Ideale des Jungen- und Männerbundes so zusammengefasst: «frei von jeder verpflichtung an eine weltanschauung / frei vom zwang, vorgesprochenes wiederholen zu müssen / frei von der meinung, mit wiederholern in deren formen und gedanken leben zu müssen.» (tusk, S. 298) Die Gruppe las verpönte Schriftsteller wie Georg Trakl, Rainer Maria Rilke, Stefan George und Stefan Zweig, komponierte, sang und gebrauchte die «kleinschrift», übernachtete in schwarzen finnischen Zelten, «Kohten» genannt, und reiste per Autostopp auch ins Ausland.

Hans Scholls bündische Zeit ist eng mit Ernst Reden verbunden, einem «Schöngeist, Lyriker und Schriftsteller» (Kuhn). Den vier Jahre Älteren kannte er seit seiner Militärzeit 1935 in Ulm. Reden nahm regelmäßig an den Heimabenden und «ab und zu» an den Fahrten der «Trabanten» teil. Scholl profitierte von dessen Erfahrung als Jungenschaftsführer: «Ernst Reden hat auf mich schon einen gewissen Einfluss gehabt, und da er sich mir gegenüber als Jungvolkführer vorgestellt hatte, nahm ich seine Vorschläge gerne an», so Scholl im November 1937 gegenüber der Geheimen Staatspolizei (Gestapo). Es ist anzunehmen, dass die Freundschaft weit über den eingeräumten «gewissen Einfluss» organisatorischer Art hinausging. Das Stuttgarter Sondergericht urteilte im Juni 1938, Ernst Reden habe für Scholl eine «maßgebliche Rolle» gespielt.

Die Werte von Kompromisslosigkeit, Rigorosität und Revolution, die die dj.1.11 propagierte, passten zur nationalsozialistischen Ideologie, die Schnittmenge war groß. Der entscheidende Unterschied war das Ideal der Freiheit. Hans Scholl wollte sich nicht sagen lassen, was er zu tun und zu lassen, was er zu lesen und zu hören, wen er wann und wie zu lieben habe. Besonders Letzteres führte ihn in einen schweren Konflikt mit seiner Familie, der Gesellschaft und dem Staat. Diese tiefste Krise seines Lebens überhaupt veränderte sein Verhältnis zum Nationalsozialismus. Sie war die richtungweisende Weichenstellung zur Resistenz und später zum Widerstand.

Diese Situation war so entstanden: Am 11. November 1937 drangen in Stuttgart und Ulm Beamte der Gestapo in mehrere Wohnungen ein. Sie suchten nach Material, mit dem eine illegale bündische Jugendarbeit nachgewiesen werden konnte. Auch in der Wohnung von Scholls Eltern – in «Ulm, Adolf-Hitler-Ring 139» – wurden Dokumente beschlagnahmt. Hans Scholl war bei der Aktion nicht anwesend. Er hatte sich nach seinem Abitur im März 1937 zur Kavallerie gemeldet und hoffte in der Cannstatter Kaserne auf eine Offizierskarriere. Die von den Fahndern gefundene schwarze Zeltbahn einer «Kohte», eine «schwarze Kordel», eine «Riegelbluse» und ein «Fotoalbum mit Fahrtenbildern» belegten zweifelsfrei seine Aktivitäten in der verbotenen «deutschen autonomen jungenschaft».

Elf Tage nach der Durchsuchung der elterlichen Wohnung in Ulm wurde Hans Scholl am 22. November 1937 durch die Gestapo vernommen. Man befragte ihn zunächst nur als Zeugen in Sachen «bündischer Betätigung». Ohne dass er etwas davon ahnte, eskalierten inzwischen die Ereignisse: Zum Vorwurf illegaler Jugendarbeit traten Ermittlungen gegen ihn wegen Homosexualität (StGB § 175) und wegen des Vorwurfs sexuellen Missbrauchs Abhängiger (§ 174).

Am 23. November 1937 wurde Ernst Reden verhaftet, tags darauf Rolf Futterknecht von Beamten der Staatspolizei in Stuttgart vernommen. Der siebzehnjährige Realschüler hatte an diesem Tag gegenüber einem Ulmer SS-Untersturmführer angegeben, «daß sein früherer Fähnleinführer im Jungvolk, der als Täter näher bezeichnete Hans *Scholl*, in den Jahren 1935 und 1936 an ihm wiederholt unzüchtige Handlungen vorgenommen habe». Die Niederschrift der Anhörung hält in großer Ausführlichkeit eine Vielzahl sexueller Kontakte der beiden auf Gruppenfahrten und in verschiedenen Wohnungen fest.

Am 14. Dezember 1937 verhaftete die Gestapo Hans Scholl in der Kaserne und konfrontierte ihn mit dem mehrseitigen Verhörprotokoll Futterknechts. Er gab Umfang und Art der Sexualkontakte zu und gestand, «der schuldige Teil» zu sein, betonte aber, Ursache dieser «Schweinerei» und «Schwäche» sei Liebe gewesen. Die Mitschrift verzeichnet diese Aussage dreimal: «Die

Beweggründe zu meiner Handlungsweise kann ich mir nur aus der grossen Liebe erklären, die ich zu Futterknecht gehabt habe.» Er habe «in einer übersteigerten Liebe zu Futterknecht hinübergegriffen» und ihm später erklärt, «dass dies damals nur daher kam, weil ich ihm seinerzeit eine gewissermaßen übersteigerte Liebe entgegengebracht hätte, die irgendwie einen Ausweg gesucht hat». Für Hans Scholl war die mehr als einjährige Beziehung zu Rolf Futterknecht offenbar ein inniges Liebesverhältnis. Freundschaftlich verbunden war er nach dieser Erfahrung mit weiteren Männern und Frauen.

Am 15. Dezember wurde er für siebzehn Tage in Untersuchungshaft genommen und ein Gerichtsverfahren eingeleitet. Die Ermittlungen zogen sich hin. Erst am 2. Juni 1938 kam Hans Scholl vor einem Sondergericht glimpflich davon. Man attestierte ihm, seine bündische und homosexuelle Phase hinter sich gelassen zu haben. Das Gericht sah in seinem Verhalten «Eigensinn» und eine «jugendliche Verirrung eines sonst anständigen und auch geschlechtlich normal empfindenden Menschen, der solche Torheiten jetzt überwunden hat». Scholl wurde nicht freigesprochen, aber aufgrund einer Amnestie, die Hitler anlässlich des Anschlusses Österreichs an Deutschland erlassen hatte, stellte man das Verfahren ein. Der Mitangeklagte Ernst Reden erhielt wegen Vergehens gegen § 175 eine dreimonatige Haftstrafe, die aufgrund seiner siebenmonatigen Untersuchungshaft als verbüßt galt.

Bis zum Herbst 1937 war es offen, ob Hans Scholl in Hitlers Staat Karriere machen oder sich gegen den Nationalsozialismus stellen werde. Die monatelange Strafverfolgung durch die NS-Behörden, die Beschneidung seiner Unabhängigkeit, die öffentliche Schmach, ein «175er» zu sein, und die Demütigung vor der eigenen Familie verschoben jedoch die Gewichte. Er richtete seine persönliche Werteskala neu aus, indem er in der Einsamkeit melancholische Gedichte schrieb. Seine Verse, die im Nachlass 150 Seiten füllen, sind voller Naturmystik und christlicher Frömmigkeit, sie sind eine poetische Alternative zum Nationalsozialismus. Ein Erntedankgedicht vom 27. April 1938 lautet:

Gott,
aus grauer Erde ließest du quellen
den Saft in funkelnde Trauben,
du sand[t]est Regen, daß Halme schwellen
mit Früchten wie goldene Hauben.

Wir brachen die samigen Beeren,
aus Perlen pressten wir Wein.
Wir mähten und häuften die Ähren
und Brot ward im glühenden Schrein.

Wir schufen der Dinge Hülle
und Schwielen und Schweiß gaben wir.
~~Schenk' du die Gnade – die Fülle,~~
~~aus Leben form Seele in mir.~~

Hans Scholl strich die letzten Zeilen und formulierte neu:

Du schenktest in Gnade die Fülle
lebendigen Geistes aus dir.

Aus der Bitte um Gottes Gnade ist in der Neufassung eine Feststellung geworden. Der Autor weiß sich von Gottes Geist erfüllt.

Nachdem er die Hälfte seines zweijährigen Wehrdienstes abgeleistet hatte, wurde Hans Scholl im November 1938 als Reserveoffiziersanwärter für sechs Monate an die Sanitätsschule Tübingen abkommandiert. Durch die Ausbildung zum Krankenpfleger konnte er die Kaserne in Bad Cannstatt verlassen und im Standortlazarett wohnen. Darüber hinaus verkürzte die Bereitschaft, Medizin zu studieren, seine Dienstzeit auf achtzehn Monate. Darum immatrikulierte er sich schon zu Beginn des Sommersemesters im April 1939 für das Studium der Medizin an der Ludwig-Maximilians-Universität in München. Zusätzlich belegte er zahlreiche philosophische Lehrveranstaltungen. Ausführlich beschäftigte er sich mit Friedrich Nietzsche. Bei ihm lernte er den Primat der Freiheit des Einzelnen gegenüber einer Mehrheitsmeinung kennen.

Im März 1940 wurde Hans Scholl zur Wehrmacht eingezogen und rückte bei der Sanitätsabteilung 7 in München ein. Am

10. Mai 1940 überfielen deutsche Truppen Belgien, Luxemburg und die Niederlande, um von dort Frankreich anzugreifen. Scholls Einheit bekam fünf Tage später den Marschbefehl nach Westen. Der Frankreichfeldzug sollte seine Ablösung vom NS-Staat deutlich beschleunigen.

Der nunmehrige Unteroffizier der Sanitäts-Ersatzabteilung 7–2257 erzählte in seinen Briefen an die Familie entrüstet von Diebstählen der deutschen Soldaten: Die Wehrmacht habe «hier» – er war gerade in den Niederlanden oder Belgien – «die besten Häuser als Quartier bezogen». Ihm aber «wars im Stroh viel wohler. Bin ich denn ein Dieb oder ein anständiger Mensch?», fragte er, «und was hier alles gestohlen wird», setzte er hinzu. Er könne «nicht nüchtern sein beim Anblick dieses Elends». «Leere Stunden» kenne er in diesen Tagen nicht, «nur traurige». Als seine Einheit im Juni 1940 zur Unterstützung eines Divisionslazaretts im nordfranzösischen Mourmelon bei Reims eingesetzt wurde, assistierte er bei vielen Operationen. Bei diesen «täglich durchschnittlich 20 Operationen» wurde ihm die Unvereinbarkeit von Humanität und Krieg klar: «Krankenpflege widerspricht jedem Militärgeiste.» Die Grausamkeit deutscher Soldaten konsternierte ihn: «Ich weiß nicht, ob ich unsere Metzelei noch lange mit ansehen kann.»

Hans Scholls Verhalten war nicht ohne Widersprüche. Obwohl er gerade die Grausamkeit des Krieges unmittelbar erlebt hatte, dachte er Anfang September 1940 darüber nach, Offizier zu werden. Davon hatte er schon Ende 1937 geträumt, bevor das Ermittlungsverfahren gegen ihn diese Pläne durchkreuzte. Jetzt tobte das Töten bereits ein Jahr, und doch dachte er erneut an eine militärische Laufbahn, denn er könne seine «ewig subalterne Stellung auf die Dauer nicht ertragen». Aber weiter als bis zum Sanitätsfeldwebel trug ihn dieser Missmut nicht. Ende September kehrte Hans Scholl nach Deutschland zurück, wurde am 15. Oktober 1940 in München wieder der Studentenkompanie zugeteilt und für das Medizinstudium bis zum Physikum Mitte Januar 1941 freigestellt.

Der Prozess gegen Hans Scholl wegen «Unzucht» und «bündischer Umtriebe» hatte seine Begeisterung für den neuen Staat erstickt und seinen Widerspruchsgeist geweckt, die Kriegserlebnisse in Frankreich verstärkten seine Abneigung. Für den Schritt in den Widerstand wurde im Frühjahr 1941 die Begegnung mit Alexander Schmorell ausschlaggebend. Alex – auch Schurik genannt – übte nicht nur auf Hans eine starke Anziehungskraft aus. Als Sophie Scholl ein Jahr später, im Mai 1942, zum Studium nach München kam, verliebte sie sich in ihn, wie sie ihrem Tagebuch anvertraute.

Alexander Schmorell: Russischer Patriot und Individualist

Alexander Schmorell wurde am 16. September 1917 im russischen Orenburg am Ural geboren. Seine Mutter Natalia war Russin, sein Vater der deutschstämmige Arzt Hugo Schmorell. Dessen Vorfahren lebten seit ungefähr 1860 in Russland. Alexander war ein Jahr alt, als seine Mutter starb, und dreieinhalb, als die Familie im Mai 1921 nach München übersiedelte. Die Sehnsucht nach seiner unerreichbaren leiblichen Mutter und dem fernen Geburtsland prägte ihn zeitlebens. Er wuchs durch sein russisches Kindermädchen zweisprachig und mit zwei Kulturen auf, was für ihn auch eine tiefe Verbundenheit mit dem russisch-orthodoxen Christentum bedeutete. Schmorell verstand sich als Russe, in Russland sah er seine Heimat, und dessen Bewohner waren für ihn Schwestern und Brüder. In den Verhören sprach er später mehrfach von seiner «Liebe zu Russland» oder der «Liebe zum russischen Volk». Nach dem Abitur im März 1937 sowie dem anschließenden Reichsarbeits- und Wehrdienst studierte Alexander Schmorell ab dem Sommer 1939 Medizin, zunächst in Hamburg, dann in München.

Kurz nach dem Krieg nannte der Widerstandskämpfer Falk Harnack Alexander Schmorell einen «großen, schönen und phantasiebegabten Jüngling» (Harnack, Bl. 1). Angelika Probst, die Schwester von Christoph Probst, der sich später ebenfalls der «Weißen Rose» anschloss, beobachtete Alexander Schmorell während einer Reitstunde und bewunderte seine «Schönheit und Sicherheit», es sei «etwas Strahlendes, Sieghaftes» von

Alexander Schmorell, aufgenommen von Angelika Knoop in Marienau, 1941

ihm ausgegangen (Schmorell/Probst, S. 82). Anneliese Graf, die Schwester Willi Grafs, der gleichfalls zur Widerstandsgruppe stieß, meinte, er sei «einfach wunderbar» gewesen, «sehr gefühlvoll, unglaublich begeisterungsfähig». In Traute Lafrenz' Augen war er eine «ungeheuer imponierende Gestalt. [...] Er war ja so groß und so schön, und dann dieser russische Akzent und sein ungeheuer kraftvolles Lachen.» (Bassler, S. 41, 77) Der Fahndungsaufruf der Kriminalpolizeileitstelle München vom Februar 1943 skizzierte ihn so: «Schmorell ist 1,82 bis 1,85 m groß, schlank, hat dunkelblonde Haare, blaugraue Augen, große, abstehende Ohren, etwas vorstehenden Kehlkopf, aufrechte Gangart und spricht Hochdeutsch mit bayerischem Einschlag.» (Münchner Neueste Nachrichten, Nr. 54 v. 24.2.1943)

Alexander Schmorell verstand sich als Künstler, der, ganz seiner Empfindung hingegeben, ohne Reflexion, mit Herz und Seele zeichnete oder Skulpturen und Plastiken schuf. Diese intuitive Individualität ging mit einer Abgrenzung von anderen einher. Als er ein Sommernachtsfest beobachtete, bemerkte er: «Wie traurig es ist, dass der Geschmack des durchschnittlichen Deutschen, wie wir ihn hier ja haben, auf eine so tiefe Stufe gesunken ist. Oder war er niemals höher gestanden? [...] Das nennen sie schön; das Tanzen mit diesen furchtbaren K. d. F. [Kraft durch Freude]-Personen in einem engen Saal; und die Luft!! Aber sie alle fühlten sich glücklich; sie waren froh, dass sie in einer solchen Herde versammelt und in ein Loch gesteckt und gepfercht waren.» (Schmorell/Probst, 19.8.1937) Alexander Schmorell unterteilte die Menschen in zwei Gruppen: in jene, «die es können neues und eigenartiges zu schaffen, die sich die Lebensregeln selbst zusammenstellen können und auch tapfer genug sind nach ihnen zu leben und die ganze Verantwortung auf sich zu nehmen – und in solche, die das alles nicht können und die deshalb auch anderen gehorchen müssen und nach fremden Regeln leben müssen» (ebd., 1.5.1937). Die Masse Mensch folge dem «Herdentrieb», die «Auserwählten» ihrer individuellen Überzeugung.

Schmorell erlebte den Arbeitsdienst als massiven Eingriff in seine Autonomie. Während dieser Zeit steigerten sich seine Ablehnung Deutschlands zu Wut und Hass und seine Bewunderung für das russische Volk und seine Kultur zu grenzenloser Liebe und Utopie. Die Identitätskrise, unter der er aufgrund seiner russisch-deutschen Abstammung litt, führte im Wehrdienst nach «etwa 4 Wochen» zu schwerwiegenden «Gewissenskonflikten». Sie veranlassten ihn, «um Entlassung aus dem Heeresdienst» zu bitten. Das wurde mit Hinweis auf seine «Entwicklungsjahre» und die «Nervenkrise», in der er sich befand, abgelehnt. Sein Vater, so Schmorell, habe sich durch die Russlandliebe seines Sohnes «als Deutscher beleidigt» gefühlt.

Alexander Schmorell befürwortete autoritäre Staatsformen. In seinem «Politischen Bekenntnis», das er 1943 für die Gestapo schrieb, bezeichnete er sich als Monarchisten und Zaristen: Er sei ein russischer Patriot, der die Demokratie für Russland und Deutschland ablehne, aber an eine friedliche und freiwillige «Verbrüderung» Europas und der Welt glaube. Er sei «mit der nat. soz. Regierungsform nicht einverstanden», weil sie sich «zu sehr auf die Macht» stütze. Sie dulde keine Opposition, keine Kritik. Darum sei sie keine «reine Ausdrucksform des Volkswillens». Die Regierung müsse «mit dem Volksdenken mitgehen, elastisch – nicht nur befehlen». Jetzt habe «jeder Bürger direkt Angst, irgendetwas bei den Regierungsbehörden auszusetzen, weil er sonst bestraft wird». Doch das Volk solle «in seinem Oberhaupt nicht nur den politischen Führer sehen, sondern vielmehr seinen Vater, Vertreter, Beschützer. Und das», so Schmorell, «ist im naz. soz. Deutschland nicht der Fall.» Die Brutalität des Zarismus, die Ermordeten, Verhungerten und in Straflagern Umgekommenen blendete er völlig aus.

In einem Staat mit antikirchlicher Ideologie, der Menschen geistig und körperlich kasernierte, die Hervorbringungen der Kunst und deren Schöpfer in «artgerecht» oder «entartet» einteilte und Russland vernichten wollte, mussten Alexander Schmorells Lebenseinstellung und politische Überzeugung früher oder später zu Konflikten führen. Durch die Begegnung mit Hans Scholl wurde aus Widerwillen gegen den Nationalsozialismus Widerstand.

2. In den Widerstand: Herbst und Winter 1941/42

Vorbereitungen auf den Holocaust

Im Winter 1941/42 wurde die deutsche Bevölkerung propagandistisch auf die bevorstehenden erweiterten Judendeportationen vorbereitet. Seit 1937 erschienen unter der Bezeichnung «Wochenspruch der NSDAP» regional entworfene Plakate mit Zitaten Hitlers, seiner Gefolgsleute oder anderer Persönlichkeiten der deutschen Geschichte. Ab Mitte 1939 sorgte die Propagandaleitung der NSDAP für ein reichsweit einheitliches Layout. Der «hervorragende künstlerische Wandschmuck» sollte im «Kampf gegen die Hetze der feindlichen Kriegspropaganda [...] immer und immer wieder an unsere Pflichten erinnern und uns im Glauben an unseren endgültigen Sieg stärken» und in «allen Betrieben, Einzelhandelsgeschäften, Behörden, Schulen, Dienststellen der Partei, Büros, Gemeinschaftsräumen, Warteräumen und Treppenhäusern» aushängen (Litzmannstädter Zeitung, 2.6.1940, DVD). Auf dem Plakat der zweiten Septemberwoche

1941 standen Hitlers Worte: «Wenn es dem internationalen Finanzjudentum gelingen sollte, die Völker noch einmal in einen Weltkrieg zu stürzen, dann wird das Ergebnis nicht der Sieg des Judentums sein, sondern die Vernichtung der jüdischen Rasse in Europa.» (ebd.) Das war ein gekürztes Zitat aus einer rundfunkweit übertragenen, «prophetischen» Reichstagsrede Hitlers zum sechsten Jahrestag der Machtübernahme am 30. Januar 1939. Damals hatte Hitler den «Sieg des Judentums» zusätzlich mit der «Bolschewisierung der Erde» gleichgesetzt und den Juden – unter dem fadenscheinigen Deckmantel der Selbstverteidigung – auch «außerhalb Europas» die Vernichtung angedroht. Während Hitler Anfang 1939 wahrscheinlich noch nicht an Mordfabriken wie Auschwitz dachte, wurden 1941 die Vorbereitungen dafür Realität. Zur Einstellung der Bevölkerung auf den Massenmord gehörte auch die Agitation von Propagandaminister Joseph Goebbels, der im November 1941 in der Wochenzeitung *Das Reich* unter der Überschrift «Die Juden sind schuld» ausführte, man erlebe «eben den Vollzug dieser Prophezeiung» des Führers, es erfülle «sich damit am Judentum das Schicksal, das zwar hart, aber mehr als verdient» sei: «Mitleid oder gar Bedauern ist da gänzlich unangebracht.» Der Diktator selbst kam, als der Genozid bereits in vollem Gange war, mehrfach auf seine Reichstagsrede zurück. Jeder, der mit wachen Augen das politische Geschehen verfolgte, konnte sehen, dass aus Hitlers bedrohlicher Rhetorik brutale Realität geworden war.

Allmählich erkannte auch Hans Scholls Schwester Sophie Scholl, die sich länger als die anderen jungen Mitstreiter der «Weißen Rose» für den Nationalsozialismus eingesetzt hatte, das Verbrecherische des NS-Systems. Von Anfang April 1941 bis Ende März 1942 war sie überwiegend auf sich selbst gestellt. Fernab von Geschwistern und Freunden musste sie den Reichsarbeits- und Kriegshilfsdienst absolvieren. In dieser Zeit trat zu ihrer moralischen Sensibilität ein politisches Bewusstsein. Besonders die Arbeit im sozialen Brennpunkt des Bergarbeiterstädtchens Blumberg im Schwarzwald weckte ihre Resistenz und Handlungsbereitschaft.

Sophie Scholl: Begeistertes «Jungmädel» und erste Zweifel

Im Januar 1934 trat Sophie Scholl im Alter von zwölf Jahren in den Bund Deutscher Mädel (BDM) ein und schwor am 20. April 1934, dem fünfundvierzigsten Geburtstag Adolf Hitlers, den Eid auf ihren Führer (zit. n. Beuys, S. 92):

Jungmädel wollen wir sein.
Klare Augen wollen wir haben
Und tätige Hände.
Stark und stolz wollen wir werden:
Zu gerade, um Streber oder Duckmäuser zu sein,
Zu aufrichtig, um etwas scheinen zu wollen,
Zu gläubig, um zu zagen und zu zweifeln,
Zu ehrlich, um zu schmeicheln,
Zu trotzig, um feige zu sein.

Vermutlich gefiel Sophie – neben «stark und stolz» – besonders die letzte Zeile, erinnerte sie doch an das bereits erwähnte Goethe-Wort, das in der Familie eine Art Code für Unbeugsamkeit war: «Allen Gewalten zum Trutz sich erhalten.»

Sophia Magdalena Scholl war das vierte Kind von Magdalene und Robert Scholl. Geboren wurde sie am 9. Mai 1921 in Forchtenberg. Dort verbrachte sie die ersten neun Jahre ihres Lebens – geborgen im Kreis ihrer Familie und, wie ihre Geschwister, evangelisch-lutherisch sozialisiert. Als sie 1934 den Eid auf Hitler ablegte, lebten die Scholls in Ulm. Bei ihrer Konfirmation im Frühjahr 1937 trug sie als Bekenntnis zu Kirche und Staat, Gott und Hitler die Uniform der Jungmädel im BDM.

Als Sophie Scholl nach ihrer Verhaftung im Februar 1943 von der Gestapo verhört wurde, schilderte sie ihren Eintritt in die Jugendorganisation der NSDAP so: «Ich selbst trat im Januar 1934, damals 13-jährig in die Jungmädelschaft der HJ ein und gehörte der HJ bezw. dem BDM bis 1941 an.» Tatsächlich war sie erst zwölf, als sie eintrat. Normalerweise endete die Mitgliedschaft mit achtzehn Jahren. Sophie jedoch engagierte sich danach freiwillig noch zwei weitere Jahre. Die Relevanz dieser zusätzlichen Jahre im «Dienst» für den Bund Deutscher Mädel versuchte sie zu relativieren:

> In diesem Zusammenhang gebe ich ganz ehrlich zu, dass ich in den letzten 2 Jahren meiner Zugehörigkeit zum BDM mit dem Herzen nicht mehr bei der Sache war. Die erste Abneigung gegen den BDM war darauf zurückzuführen, dass ich den Dienst langweilig und vom pädagogischen Standpunkt aus unrichtig fand.

Sophie Scholl hätte sich problemlos mit achtzehn Jahren vom BDM verabschieden können, doch sie tat es nicht. Zwar war sie ab Frühjahr 1938 nicht mehr in leitender Funktion tätig, weil sie und ihre Freundin Susanne Hirzel auf ihren neuen Wimpeln statt Hakenkreuzen «Runen aufgenäht hatten zur Abwechslung und als Nadelstich» und sie deshalb «abgesetzt» wurden (Susanne Hirzel, S. 103). Aber im November desselben Jahres lobte sie das Engagement ihrer Freundin Lisa Remppis im BDM («Das ist recht, daß Du so eifrig in Dienst gehst») und betonte: «Ich werde es auch tun.» (Stadtarchiv Crailsheim) Im September 1939 informierte sie ihren festen Freund Fritz Hartnagel, dass sie es sehr eilig habe, denn «in 5 Minuten muß ich in den Dienst», sie nehme ein Buch mit, «weil es das letztemal so fad war. Aber meine Pflicht, nicht wahr!» Sie schließt: «Alles Gute! Mit deutschem Gruß! (ich gehe doch in den Dienst) Sofie.» Mit dem «deutschen Gruß», also mit «Heil Hitler!» und erhobenem Arm, begrüßten sich die Mädchen gleich darauf beim Heimabend. Im März 1941 berichtete sie ihm wieder, dass sie ihre «Pflicht als treues B.d.M. Mädel erfülle» (Scholl/Hartnagel, S. 266). Zu diesem Zeitpunkt stand Gehorsam für Sophie also noch über dem Gewissen und Fremdbestimmung über Eigensinn.

Attraktiv war für Sophie Scholl offenbar, dass die BDM-Gruppen ihre Aktivitäten eigenverantwortlich gestalten konnten. Das Hauptziel der Hitlerjugend aber war die Eingliederung der «Mädels und Frauen» in den Staat durch die «weltanschauliche Schulung»; sie sollten lernen, sich in die nationalsozialistische «Volksgemeinschaft» einzufügen. Zur politischen Erziehung gehörten die Lieder. Das offizielle Fahnenlied der Hitlerjugend ertönte an jedem Heimabend. Der Kehrreim lautete:

Uns're Fahne flattert uns voran.
In die Zukunft ziehen wir Mann für Mann.
Wir marschieren für Hitler
Durch Nacht und durch Not
Mit der Fahne der Jugend
Für Freiheit und Brot.

Uns're Fahne flattert uns voran,
Uns're Fahne ist die neue Zeit.
Und die Fahne führt uns in die Ewigkeit!
Ja! die Fahne ist mehr als der Tod!

Susanne Hirzel berichtete 1946 Ricarda Huch von ihrer Freundschaft zu Sophie: «Wir lernten uns mit 14 Jahren im Jungmädelbund kennen. Sie war wie ein feuriger wilder Junge, trug die dunkelbraunen glatten Haare im Herrenschnitt u. hatte mit Vorliebe eine blaue Freischarbluse oder eine Fischerbluse ihres Bruders an. Sie war lebhaft, keck, mit heller klarer Stimme, kühn in unseren wilden Spielen u. von einer göttlichen Schlamperei.» Die Fotografien Sophies aus dieser Zeit bestätigen diese Beschreibung. Mit ihrem Jungenhaarschnitt und ihrem burschikosen Auftreten wurde sie von Nachbarn als «Buabamädel» und «Mannweib» gehänselt. Sophie fiel aus der üblichen Geschlechterrolle heraus, die in den Mädchen bereits eine aufopferungsvolle, künftige Mutter sah. Sonst aber stimmte sie in vielem mit den Nationalsozialisten überein.

Bezeichnend ist auch, dass von Sophie Scholl keine kritischen Bemerkungen zur «Pogromnacht» in Ulm im November 1938 überliefert sind. Seit 1933 waren schon zahlreiche staatliche Verordnungen und neue Reichsgesetze im Geiste des rassistischen Antisemitismus erlassen worden. Juden und all jene, die unter anderem in den «Nürnberger Gesetzen» von 1935 dazu erklärt wurden, hatten dadurch bereits Erniedrigung und Ausgrenzung erdulden und erleiden müssen. Im sechsten Jahr der NS-Herrschaft ließ man auch in Ulm die Maske der Legalität fallen. SA-Leute drangen am 10. November 1938 frühmorgens in die Synagoge am Weinhof ein, zerstörten Leuchter und den Thoraschrein und legten Feuer. Zur gleichen Zeit holte man jü-

Sophie Scholl, 1938

dische Bürger aus ihren Häusern und trieb sie zum Brunnen vor der Synagoge. Sie mussten hineinsteigen, wurden herumgetrieben und geschlagen. Der größte Teil der vierzig bis fünfzig Menschen kam für einen gewissen Zeitraum in die Konzentrationslager Oberer Kuhberg/Ulm und Dachau, zwei Personen starben infolge der Gewalttaten.

Das Feuer in der Synagoge wurde schnell gelöscht, weil Brandgefahr für die umliegenden Häuser bestand. Das jüdische Versammlungshaus hätte ohne Weiteres wieder hergerichtet werden können, wurde aber auf Betreiben des Oberbürgermeisters abgerissen. Eine schriftliche Äußerung Sophie Scholls oder anderer Familienmitglieder zu diesen Geschehnissen liegt nicht vor. In zwei Briefen, die sie unmittelbar nach dem Pogrom schrieb, erwähnt Sophie nichts davon. Damit verhielt sie sich wie die allermeisten – sie schwieg. Lange interessierte sie sich nicht für Politik, sondern urteilte aufgrund moralischer Maßstäbe und Kategorien. 1940 erklärte sie in einem Brief an Fritz

Hartnagel, von Politik nichts zu verstehen, sie habe aber ein Gespür für Recht und Unrecht.

An die Sechzehnjährige erinnerten sich später zwei Klassenkameradinnen:

> Alle nannten sie nur «den Sopher». Sie war betont maskulin und wegen ihrer Kompromisslosigkeit gefürchtet. Als 150% Anhängerin des Nazi-Regimes diente sie den Faschisten mit Überzeugung, Bedingungslosigkeit und Fanatismus. Dieselbe Kraft richtete sie [später] gegen den Faschismus. (Felkel, o. S.)

Im Herbst 1937 hatte sich Sophie Scholl in den jungen Luftwaffenleutnant Fritz Hartnagel verliebt. Nach einem Jahr kam es zur ersten von vielen Beziehungskrisen. Als sie zu Besuch bei ihrer Freundin Lisa Remppis in Leonberg war, schickte Sophie ihrem Freund am 15. August 1938 einen Brief:

> In dem Verhältnis, in dem ich zu Dir stehe, kann ich nicht weiter bleiben. Ich habe es von einer Stunde auf die andre eingesehen. Der Grund? Ich bin einfach noch zu jung, lach bitte nicht, es ist so, es drückt mich zusammen. Ich war bis vor der Fahrt glücklich, aber jetzt bedrückt mich alles. Ich bin noch nicht erwachsen, bitte nimm mir nichts übel, aber ich kann es noch nicht. (Scholl/Hartnagel, S. 54)

Zu einer Zeit, in der Sexualität ein Tabuthema war, ist der Hinweis, sie könne «es» noch nicht, klar: Sophie meinte, sie sei noch nicht bereit für eine sexuelle Beziehung. Sie empfand Sexualität als Schwäche, als Niederlage, eine Kapitulation des Geistes vor dem Körper. Sie fasste das später in der Frage zusammen, ob Fritz nicht glaube, Verstand und Spiritualität könnten die Sexualität besiegen (ebd., 15.12.1940, S. 246). Ihr Dilemma war, dass sie Fritz' Leidenschaft nur bedingt erwiderte und Lisa Remppis auf ihre große Zuneigung zurückhaltend reagierte. Dabei fühlte sich Sophie niemandem «so nahe» wie ihr, gestand sie Lisa (10.1.1940); sie liebe sie «sehr», hielt sie im Tagebuch fest (12.12.1941).

Die Verbindung zu Lisa begann in frühen Kindertagen. Die Familie Remppis wohnte im selben Haus, in dem Sophies Tante

Elise im rund 50 Kilometer entfernten Städtchen Backnang einen Delikatessenladen führte. Dort lernten sich die beiden Mädchen kennen. Mit elf trug Lisa in Sophies Poesiealbum ein: «Der beste Brand ist sinnlos, wenn er in sich selbst verglüht. Lisa. Ulm, den 16.4.35.» Vor allem Sophie litt unter der räumlichen Trennung. Mit achtzehn Jahren sehnte sie sich so sehr nach der Freundin, dass sie mit ihr zusammenziehen wollte: «Wenn Du fertig bist in der Schule können wir vielleicht eine Zeitlang zusammen studieren.» (10.1.1940) Sophie suchte Geborgenheit und eine Lebensgefährtin: «Denn das Wesentliche dran ist ja das zusammenleben. Ich wollte das könnten wir.» Ein so offensiv vorgetragenes Bedürfnis nach Nähe findet sich in ihren Briefen sonst nirgends, auch nicht in denen an Fritz Hartnagel. Was Lisa ihr bedeutete, wird klar an Sophies Reaktion auf deren Verlobung mit dem Architekturstudenten August Schlehe im Juni 1942. Als die Freundin ihr nur eine gedruckte Anzeige ohne jeden persönlichen Gruß schickte, war sie tief gekränkt. Die Sehnsucht aber blieb. Noch 1942, mit einundzwanzig Jahren, wünschte sich Sophie, Lisa im Dunkeln bei sich zu haben: «Wenn Du heute nacht bei mir schlafen würdest, das wäre besser.» (12.6.1942)

Ende Oktober 1939 erwähnte Sophie das erste Mal Otto («Otl») Aicher. Er war ein Klassenkamerad und Freund von Sophies jüngerem Bruder Werner und im Jugendbund «Quickborn» der katholischen Kirchengemeinde Mariä Himmelfahrt im Ulmer Stadtteil Söflingen engagiert. Die Geistlichen Franz Weiß, Adolf Eisele und Bruno Wüstenberg beeindruckten ihn mit konsequentem Glauben und fundierter Kritik am Nationalsozialismus. Aicher war mutig und radikal, katholisch und polarisierend, er verachtete die Nazis, aber auch jene, die philosophisch nicht so dachten wie er.

Vermutlich hatten die Ulmer Geistlichen den jungen Otl Aicher auf Carl Muth und Theodor Haecker aufmerksam gemacht. Die beiden katholischen Publizisten wurden für ihn zu intellektuellen Vaterfiguren, die ihn mit ihrem aufklärungskritischen Denken prägten. Unter ihrem Einfluss entwickelte er sich zu einem gläubigen Katholiken mit ausgeprägtem Sendungsbewusstsein. Aicher wollte Sophie und Inge Scholl sowie Ernst Reden dazu bewegen, zum katholischen Glauben überzutreten. In vielen Gesprächen, langen Briefen und gemeinsamen Lesungen versuchte er, sie davon zu überzeugen, dass des Menschen Glück und Heil nur in der katholischen Kirche zu finden sei. Seine Bemühungen hatten einigen Erfolg: Die drei intensivierten ihre religiösen Gedanken und vertieften ihr Glaubensleben deutlich. Dennoch wurde Otl Aicher nicht zum prägenden Ideengeber des Widerstandskreises «Weiße Rose», auch wenn er nach dem Krieg versuchte, diesen Eindruck zu erwecken. Dazu war sein Einfluss auf Hans Scholl, den Kopf der Gruppe, der seit April 1939 nicht mehr in Ulm war, sondern in München studierte, und auf Alexander Schmorell zu unbedeutend. Aichers eigentliches Ziel, die Konversion, gelang nur bei Inge. Am 22. Februar 1945, dem zweiten Todestag von Sophie und Hans, trat sie zur römisch-katholischen Kirche über, indem sie sich erneut taufen ließ. Die anderen Geschwister und Ernst Reden blieben Protestanten.

Vom Pflichtdienst in den Widerstand

Nach dem Abitur im März 1940 begann Sophie Scholl eine einjährige Ausbildung zur Kindergärtnerin. Sie hoffte vergeblich, durch die Wahl einer sozialpädagogischen Tätigkeit dem obligatorischen Reichsarbeitsdienst (RAD) zu entgehen. Individualität bedeutete für sie vor allem, einem antibürgerlichen Lebensentwurf zu folgen, der quer zum Aufgehen in der Volksgemeinschaft stand. An Fritz Hartnagel schrieb sie am 10. November, es gehe im Leben um den «Kampf, nicht zurückzusinken ins Wohlbehagen, in Herdenwärme, ins Spießbürgertum» (Stadtarchiv Crailsheim). Doch im April 1941 musste sie ihren Dienst in der Landwirtschaft im Lager Krauchenwies bei Sigmaringen antreten – also zu der Zeit, als ihr Bruder Hans und Alexander Schmorell sich in München erstmals begegneten. Ein halbes Jahr lang musste sie allein für sich sorgen. Nur an wenigen freien Tagen durfte sie zu ihrer Familie ins rund 75 Kilometer entfernte Ulm fahren. Für viele junge Frauen dieser Generation war der RAD eine schöne, abwechslungsreiche Zeit, an die sie sich nach dem Krieg gerne erinnerten. Für Sophie dagegen war er eine Qual, sie fühlte sich als Gefangene. Dabei plagte sie weniger die Unterbringung in einem heruntergekommenen Schloss mit unzähligen Mäusen als vielmehr das Zusammensein in Zehnbettzimmern mit achtzig anderen Frauen und deren «Geschwätz». Sophie ging auf Distanz, las die Bibel, Thomas Mann und Augustinus und wollte von allem «möglichst unberührt» bleiben; «weltanschauliche und politische» Entwicklungen sollten ihr «bestimmt nichts mehr ausmachen» (10.4.1941). Im April 1941 war ihr die nationalsozialistische Ideologie gleichgültig, aber noch nicht zuwider. In einem Gesellschaftssystem, das Menschen zur Mitleidlosigkeit erzog, Gewissen durch Gehorsam und Glaube durch Ideologie ersetzte, wollte sie möglichst distanziert, willensstark und zugleich mitfühlend sein. Dies fasste sie mit dem Satz des katholischen Philosophen Jacques Maritain zusammen: «Il faut avoir un esprit dur et le cœur tendre.» (Maritain, S. 336) Man muss einen harten Geist und ein empfindsames Herz haben. Sophie Scholls große emotionale Sensibilität, ihr Gerechtigkeitssinn und ihr Scharfsinn führten sie in den Widerstand.

Schließlich fand Sophie Scholl in Krauchenwies doch noch zwei Gefährtinnen, mit denen sie sich verstand: Gisela Schertling, die später zum Studium nach München kam, und Hildegard Schüle, eine junge Frau aus dem badischen Blumberg, wohin Sophie im Herbst 1941 zum Kriegshilfsdienst abkommandiert wurde.

Während in München die Freundschaft zwischen Hans Scholl und Alexander Schmorell an langen Abenden bei viel Wein und Tabak immer enger wurde, musste Sophie Scholl in Blumberg ihren Dienst in einem äußerst konfliktträchtigen sozialen Brennpunkt ableisten. Seit Mitte der dreißiger Jahre wollte die nationalsozialistische Autarkie- und Rüstungspolitik – ohne Rücksicht auf Anwohner und Natur – aus dem landwirtschaftlich geprägten Blumberg eine Bergarbeiterstadt machen. Man warb Hunderte neuer Arbeitskräfte mit ihren Familien an. Bald wurde die Personalbeschaffung zwangsweise durchgeführt: Verschleppte, Kriegsgefangene und Straftäter mussten in katastrophalen Wohn-, Arbeits- und Versorgungsverhältnissen leben. 1936 lebten in Blumberg etwa 800 Menschen, 1941 rund 6000. Doch im selben Jahr begann auch der Rückgang der Erzförderung, da durch die Eroberung und Besetzung großer Gebiete in Ost-, Südost- und Westeuropa ergiebigere Erzvorkommen zur Verfügung standen. Die Belegschaft der Doggererz AG sank 1942 auf nur noch 67 Beschäftigte. Die Förderung wurde im April eingestellt.

Sophie Scholl versah ihren Dienst in der letzten Phase des Niedergangs der jungen Bergarbeiterstadt von Oktober 1941 bis März 1942 in einem Werkskindergarten der Nationalsozialistischen Volkswohlfahrt. Ihrem Bruder Hans schilderte sie: «Ich arbeite hier im Kinderhort, bei Schulkindern, deren Eltern zu 60% vorbestraft sind, [sie] sind jedoch für einen Vergleich mit meinen Vorgesetzten noch viel zu gut.» Ihre Bezeichnung als «Kriegshilfsdienstverpflichtete» sei «genauso scheußlich, wie alles übrige drum und dran». Ein «Schlamassel» gleich «einem zähen Brei, einem feindlichen Brei» umgebe sie und verursache bei ihr «chronische Kopfschmerzen» (14.1.1942/25.2.1942). Im Laufe der Zeit gewöhnte sie sich aber doch ein. Dabei half ihr auch die persönliche Verbindung zur Blumbergerin Hildegard Schüle, die sie vom Arbeitsdienst in Krauchenwies kannte und deren Familie sie fürsorglich aufnahm, so dass sie «das Leben trotz allem noch so reich und gut» fand (12.12.1941). Lebenswichtig wurde für sie «eine kleine bunte Kapelle», die 1912 geweihte katholische Kirche «Mariä Heimsuchung» in Blumberg-Zollhaus in unmittelbarer Nachbarschaft zu den Schüles. Dorthin zog sie sich zurück; Gebet und die Musik Johann Sebastian Bachs stärkten ihr Gottvertrauen. Ein Jahr später bekannte sie in ihrem Tagebuch, sie klammere sich im Gebet an das Seil, das ihr Gott in Jesus Christus zugeworfen habe (18.11.1942).

In Blumberg muss Sophie Scholls lange Begeisterung für den Nationalsozialismus in aktive Ablehnung umgeschlagen sein, denn keine zwei Monate nach Beendigung ihres Kriegshilfsdienstes erbat sie im Mai 1942 von Fritz Hartnagel 1000 Reichsmark «für einen guten Zweck» (Scholl/Hartnagel, S. 358/400 f.), was 2015 umgerechnet etwa 3800 Euro entsprochen hätte.

Außerdem bat sie ihn, ihr einen Bezugsschein mit Wehrmachtsstempel für einen Vervielfältigungsapparat zu beschaffen. Fritz gab ihr das Geld – zwei Monatssolde –, die gesiegelte Bescheinigung aber nicht. Offenbar war Sophie Scholl nach Beendigung ihres Dienstes mit ihrem Bruder Hans übereingekommen, Hitlers Regime mit Flugblättern zu attackieren. Fritz Hartnagel und Sophie Scholl sahen sich das letzte Mal Ende Mai in München, wo Sophie gerade begonnen hatte, Philosophie und Naturwissenschaft zu studieren. Während ihrer ersten Semesterferien wurde sie im August und September für zwei Monate zum Kriegshilfsdienst in einer Schraubenfabrik bei Ulm herangezogen, in der auch Rüstungsmaterialien produziert wurden.

Hans Scholls «Zeit der Wende»

Für Hans Scholl war das Jahr 1941 eine Wendezeit. Nach seinem Einsatz in Frankreich wurde er im April 1941 zur Studentenkompanie nach München zurückkommandiert. Er war zwar wieder zum nebendienstlichen Studium freigestellt, musste aber zu Appellen antreten, an politischen Schulungen teilnehmen, militärische Übungen ableisten und konnte während der Semesterferien erneut zu Kriegseinsätzen abkommandiert werden. Im Frühjahr 1941 begegnete er nicht nur Alexander Schmorell, im Laufe des Jahres geschah auch unabhängig von dem Freund etwas mit ihm, das ihn zusätzlich veränderte. Im Dezember 1941 schrieb er einer Freundin, er erlebe den zweiten Advent «zum ersten Male» in seinem Leben «ganz aus christlichem Herzen heraus». Es gebe «Dinge, die man mit rationellem Denken wohl nicht erschöpfen kann, unbegreiflich nach außen, im Innersten aber doch begriffen» (7.12.1941). Seine intensiven Studien christlich-philosophischer Literatur, unter anderem Paul Claudel, Søren Kierkegaard und Nikolai Berdjajew, sowie lange, in Tag- und Nachtstunden geführte Gespräche mit Menschen, die gegen das nationalsozialistische Regime eingestellt waren, bestimmten von nun an sein Weltbild. Unter den Gesprächspartnern war etwa Carl Muth, der Herausgeber der katholischen Monatszeitschrift *Hochland*. Muths existenzialistischer christlicher Glaube machte auf Hans einen starken Eindruck. Als er ab Herbst 1941 dessen umfangreiche Bibliothek katalogisierte, verbrachte er wochenlang fast täglich mehrere Stunden im Hause des Gelehrten in München-Solln. Nach eigenem Bekunden bewirkte die Begegnung mit dem mehr als fünfzig Jahre Älteren eine vertiefte Christusbeziehung.

Zu Weihnachten jenes Jahres fasste Hans Scholl diese Zeit mit den Worten zusammen: «Die Geburt des Herrn ist mir das größte religiöse Erlebnis. Denn Er ist mir neu geboren. Europa wird in diesem Lichte sich wenden müssen, oder es wird untergehen!» (20.12.1941) Seine existenzielle Auseinandersetzung mit dem Christentum empfand er als eine «Zeit der Wende», wie er in seiner Ausgabe von Augustinus' Psalmenkommentar festhielt. Seine Abkehr vom Nationalsozialismus hatte mit dem Prozess gegen ihn 1938 begonnen; nach dem Frankreichkrieg 1940 und der Freundschaft mit Alexander Schmorell ab 1941 trieb ihn die Begegnung mit Carl Muth weiter in den Widerstand.

Carl Muth und Theodor Haecker lehnten den Nationalsozialismus aufgrund ihres katholischen Antimodernismus entschieden ab. Auch wenn Hans Scholl in vielem mit ihnen übereinstimmte, gab es doch große Differenzen. Deutlich wird das in der Bewertung der Person und des Werks von Stefan George, der für Scholl von überragender Bedeutung war, von Muth und Haecker dagegen kategorisch und polemisch abqualifiziert wurde. Und während Hans Scholl Thomas Mann überaus schätzte, wurde auch dieser von Muth abgelehnt und von Haecker diffamiert. Dass Georges und Manns Homoerotik zu der positiven Bewertung beitrugen, ist gut möglich. Für Muth und Haecker könnte sie ein Motiv für die Ablehnung gewesen sein.

Haecker war bei den Gesprächskreisen, die Hans Scholl organisierte, dreimal zu Gast. Im Juli 1942 las er aus *Der Christ und die Geschichte*, im Dezember 1942 wurde über die Aktualität des Antichrists in Paulus' zweitem Thessalonicher-Brief diskutiert, und im Februar 1943 las er aus dem ersten Abschnitt seines Buches *Schöpfer und Schöpfung*. Der Gelehrte beeindruckte Hans und Sophie Scholl. Ob ihnen dabei auch sein christlicher Antijudaismus deutlich wurde, ist nicht bekannt.

Die Organisation des Massenmords und die Wannsee-Konferenz

Im Winter 1941/42 wurde der Massenmord an den europäischen Juden von den Nationalsozialisten organisatorisch forciert. Hans Scholl, Alexander Schmorell, Sophie Scholl und ihre Freunde erfuhren im Sommer 1942 von den Verbrechen im besetzten Polen durch Manfred Eickemeyer. Der Maler und Architekt, der ein Baubüro im «Generalgouvernement» unterhielt und dort im Auftrag der Besatzer Lagerbaustellen und Rüstungsprojekte betreute, berichtete von Alkoholexzessen der SS, Erschießungen von Polen und Russen, Konzentrationslagern und der Einpferchung von 600 000 größtenteils deutschen Juden im Ghetto Krakau. Wahrscheinlich verarbeiteten Scholl und Schmorell diese Informationen in ihrem zweiten Flugblatt, wenn sie «die bestialischste» Ermordung von «dreihunderttausend Juden» in Polen anprangern.

Am 31. Juli 1941 beauftragte Reichsmarschall Hermann Göring den Chef der Sicherheitspolizei (SiPo) und des Sicherheitsdienstes (SD), Gruppenführer der Schutzstaffel (SS) und General der Polizei Reinhard Heydrich, mit der organisatorischen Umsetzung der «Endlösung der Judenfrage». Inhaltlich war die «absolute Ausrottung» der Juden, wie Hitler gegenüber Reichsführer SS Heinrich Himmler den Völkermord bezeichnete, schon beschlossene Sache. So erschossen von Juni 1941 bis Frühjahr 1942 deutsche Einsatzgruppen rund 600 000 Menschen in den eroberten Ostgebieten. Doch die Judenvernichtung sollte noch systematischer vonstattengehen. Dafür lud Heydrich zu einer «Besprechung mit anschließendem Frühstück» am 20. Januar 1942 in das gerade eröffnete Gästehaus von SiPo und SD, die idyllisch am Berliner Großen Wannsee gelegene Villa Minoux. Das Haus befand sich unweit des ehemaligen «Schlosses am

See» des impressionistischen Malers Max Liebermann. Eingeladen waren fünfzehn hochrangige Entscheidungsträger des Staates, der Partei und der SS. Im Schriftverkehr der Verwaltung sprach man von einer «Staatssekretärsitzung». Für die Endfassung des von Heydrich redigierten Protokolls war Adolf Eichmann, Leiter des Judenreferats IV B 4 im Reichssicherheitshauptamt, zuständig. Die Niederschrift wirkt wie ein Wirtschaftsplan, der unter Effizienzgesichtspunkten Unternehmensabläufe verbessert, nur dass das «Produkt» hier die industrielle Vernichtung von Menschen war.

Heydrich referierte das bisher Geleistete und prognostizierte künftige Aufgaben: Von Januar 1939 bis Ende Oktober 1941 seien bereits «insgesamt rund 537 000 Juden zur Auswanderung gebracht» worden. Im «Hinblick auf die Gefahren einer Auswanderung im Kriege» sei das inzwischen verboten. An ihre Stelle sei nun die «Evakuierung der Juden nach dem Osten» getreten. Diese Aktionen seien «im Hinblick auf die kommende Endlösung der Judenfrage von wichtiger Bedeutung». In einer Auflistung werden länderweise über 11 Millionen Juden aufgeführt, die dieser «Endlösung» zugeführt werden müssten. Es handele sich dabei allerdings nur um «Glaubensjuden», da die «Begriffsbestimmungen der Juden nach rassischen Grundsätzen» in anderen Ländern teilweise noch fehlten. Die evakuierten Juden werde man in «Durchgangsghettos» bringen, um sie von dort «weiter nach dem Osten» zu transportieren. Im «Zuge der Endlösung» sollten sie dort zum Arbeitseinsatz kommen, «wobei zweifellos ein Großteil durch natürliche Verminderung ausfallen» werde. Der «allfällig verbleibende Restbestand» werde «entsprechend behandelt werden müssen». Menschen über fünfundsechzig Jahre sollten in das «Altersghetto» Theresienstadt verbracht werden.

Die Beteiligten waren sich grundsätzlich einig über die Durchführung der Mordaktion. Beratungsbedarf gab es lediglich bei der Anwendung der Nürnberger Rassegesetze, weil die detaillierte Durchführung eine «unendliche Verwaltungsarbeit» zur Folge habe. Besonders engagiert zeigte sich Staatssekretär Josef Bühler vom Amt des «Generalgouvernements» aus Krakau. Er begrüße es, «wenn mit der Endlösung dieser Frage im Generalgouvernement begonnen würde», weil hier das «Transportproblem» keine Rolle spiele. Die 2 ½ Millionen in Frage kommenden ohnehin arbeitsunfähigen Juden stellten als «Seuchenträger» eine «eminente Gefahr» dar. Er sicherte Heydrich jegliche Unterstützung zu, er habe «nur eine Bitte, die Judenfrage in diesem Gebiet so schnell wie möglich zu lösen». Nach rund neunzig Minuten wurde die Sitzung beendet.

Am 31. Januar 1942 informierte Adolf Eichmann, Cheflogistiker der Mordaktion, die zuständigen Staatspolizeileitstellen: «Die in der letzten Zeit in einzelnen Gebieten durchgeführte Evakuierung von Juden nach dem Osten stellen den Beginn der Endlösung der Judenfrage im Altreich, der Ostmark und im Protektorat Böhmen und Mähren dar.» (Zitate: Besprechungsprotokoll, DVD und Klein, Wannsee-Konferenz)

3. Flugblätter als Waffe: Frühjahr und Sommer 1942

Passiver und aktiver Widerstand: Die ersten vier Flugblätter

In den Osterferien 1942 – das Osterfest fiel in diesem Jahr auf den 5. April – scheinen Alexander Schmorell und Hans Scholl zum politischen Widerstand bereit gewesen zu sein. Angelika Knoop erinnerte sich nach dem Krieg: «Nie werde ich vergessen, wie Alex mir in den Osterferien 1942 strahlenden Auges sagte: ‹Wir werden in Zukunft sehr viel politisch tätig sein›, und wie die heisse Angst, die bei diesen Worten in mir aufstieg, vor seiner strahlenden Zuversicht verflog.» (Schmorell/Probst, S. 462, Anm. 449)

Anfang Mai 1942 begann mit dem Sommersemester für die Freunde das siebte Münchner Fachsemester in ihrem Studienfach Medizin. Sie setzten ihr Miteinander so fort, wie es begonnen hatte, und waren glücklich dabei: «Vorgestern trank ich übrigens mit Hans, im Englischen Garten im Gras liegend, abends, beim Mondschein Sauternes. Wie schön war auch das gewesen.» (ebd., 22.5.1942) Dabei müssen die Gespräche, wie man Widerstandsaktionen organisieren könne, im Laufe des Juni immer konkreter geworden sein. Am 16. Juni 1942 saßen Schmorell, der Hamburger Verleger Heinrich Ellermann und Otmar Hammerstein bis «4 Uhr morgens bei Hans» zusammen (ebd., 17.6.1942). Tags darauf trafen sich in einem der abendlichen Gesprächskreise erstmals Hans Scholl und der Musikwissenschaftler, Philosoph und Psychologe Kurt Huber, der eine außerordentliche Professur an der Ludwig-Maximilians-Universität innehatte, ohne dass es jetzt bereits zu gemeinsamen konkreten Widerstandsüberlegungen kam.

Alexander Schmorell und Hans Scholl aber wurden nun aktiv. Innerhalb von sechzehn Tagen verfassten und druckten sie die vier ersten Flugschriften. Zwischen dem 27. Juni und 12. Juli 1942 verschickten sie jeweils rund hundert Exemplare an ausgewählte Personen, deren Anschriften sie vorwiegend Telefon- und Adressbüchern entnahmen. Nach seiner Verhaftung im Februar 1943 sagte Hans Scholl vor der Gestapo, er habe die Flugblätter 1 und 4 allein verfasst, bei den Flugblättern 2 und 3 jeweils den ersten Teil, sein Freund den zweiten. Alexander Schmorell bezeichnete die Schriften als ihr gemeinsames «geistiges Eigentum», weil sie «alles gemeinschaftlich gemacht» hätten. Das erste Flugblatt beginnt folgendermaßen:

> Nichts ist eines Kulturvolkes unwürdiger, als sich ohne Widerstand von einer verantwortungslosen und dunklen Trieben ergebenen Herrscherclique «regieren» zu lassen. Ist es nicht so, dass sich jeder ehrliche Deutsche heute seiner Regierung schämt, und wer von uns ahnt das Ausmass der Schmach, die über uns und unsere Kinder kommen wird, wenn einst der Schleier von unseren Augen gefallen ist und die grauenvollsten und jegliches Mass unendlich überschreitenden Verbrechen ans Tageslicht treten? Wenn das deutsche Volk schon so in seinem tiefsten Wesen korrumpiert und zerfallen ist, dass es ohne eine Hand zu regen, im leichtsinnigen Vertrauen auf eine fragwürdige Gesetzmässigkeit der Geschichte, das Höchste, das ein Mensch besitzt, und das ihn über jede andere Kreatur erhöht, nämlich den freien Willen, preisgibt,

Alexander Schmorell und Hans Scholl nach ihrer Ankunft in Gžatsk, Russland, 1942

> die Freiheit des Menschen preisgibt, selbst mit einzugreifen in das Rad der Geschichte und es seiner vernünftigen Entscheidung unterzuordnen, wenn die Deutschen so jeder Individualität bar, schon so sehr zur geistlosen und feigen Masse geworden sind, dann, ja dann verdienen sie den Untergang.

Die Flugblätter richten sich an ein bildungsbürgerliches Publikum. Zitiert werden Goethe, Schiller, Laotse, Aristoteles, die Bibel und Novalis. Scholl und Schmorell erörtern das Verhältnis zwischen Staat und Individuum. Sie rufen zum «passiven Widerstand» auf und fordern, auch aktiv «Sabotage» zu verüben. Als Ziele nennen sie die Beseitigung des Nationalsozialismus, die sofortige Beendigung des Krieges und eine spirituelle Erneuerung Deutschlands durch christliche und humanistische Werte. Zentrales Motiv aller Flugblätter, auch der späteren, ist die Forderung nach Freiheit. Intellektuelle Anregungen für ihre Schriften – neben den von den Verfassern selbst genannten – kamen sicher von den Teilnehmern der Gesprächsrunden sowie ihren Lesungen und Büchern, so unter anderem von den unabhängigen Denkern Josef Furtmeier, Theodor Haecker,

Kurt Huber, Alfred von Martin, Carl Muth und Max Schwarz, ohne dass einer von ihnen besonders hervorgehoben werden könnte.

Um den verbrecherischen Charakter des «Dritten Reiches» zu verdeutlichen, umreißt Scholl die Aufgaben eines modernen Staatswesens. Im dritten Flugblatt heißt es:

> Der Staat soll eine Analogie der göttlichen Ordnung darstellen, und die höchste aller Utopien, die civitas Dei ist das Vorbild, dem er sich letzten Endes nähern soll. Wir wollen hier nicht urteilen über die verschiedenen möglichen Staatsformen, die Demokratie, die konstitutionelle Monarchie, das Königtum usw. Nur eines will eindeutig und klar herausgehoben werden: jeder einzelne Mensch hat einen Anspruch auf einen brauchbaren und gerechten Staat, der die Freiheit des Einzelnen als auch das Wohl der Gesamtheit, sichert. Denn der Mensch soll nach Gottes Willen frei und unabhängig im Zusammenleben und Zusammenwirken der staatlichen Gemeinschaft sein natürliches Ziel, sein irdisches Glück in Selbständigkeit und Selbsttätigkeit zu erreichen suchen.

Ein Staat und seine politischen Repräsentanten dürften sich niemals als Selbstzweck verstehen. Sie seien nur wichtig als Bedingung und Voraussetzung für ihren eigentlichen Zweck, nämlich die Förderung und Ausbildung aller positiven Kräfte der Staatsbürger und deren Freiheit. Der irdische Staat solle dem göttlichen entsprechen, der in idealer Weise die Freiheit und das Wohl des Einzelnen sichere. Die Regierenden seien Gott verantwortlich. Dem allen widerspreche die nationalsozialistische Herrschaft eklatant. Anstatt dem Guten dienten seine Repräsentanten dem Bösen, statt das Volk begünstigten sie sich selbst, während sie Minderheiten unnachgiebig verfolgten. Sie missbrauchten den Einzelnen als bloßes Mittel für ihre Machtpolitik. Das NS-Reich sei ein «Unstaat», der beseitigt werden müsse.

Daher fordern Scholl und Schmorell Aufruhr, Angriff und Kampf gegen diesen Staat. Das System müsse abgeschüttelt, die Regierung gestürzt, die braune Horde ausgerottet, die Bestien vertilgt werden. Hitler paktiere als «Bote des Antichrists» mit dem Teufel: «Wir *müssen* das Böse dort angreifen, wo es am mächtigsten ist, und es ist am mächtigsten in der Macht Hitlers.» Die Regierung überziehen sie mit Schmähungen: Diese «dunklen Menschen» seien «Verbrecher» und «Säufer», die mit «Betrug», «Lüge» und «Korruption» arbeiteten, ein «Krebsgeschwür», eine «Tyrannis», «abscheulichste Missgeburt», «Diktatur des Bösen», «Ausgeburt der Hölle», das eigentliche «Untermenschentum» (Flugblätter 1–4).

Mit der Forderung, den Staat anzugreifen, und dem gleichzeitigen Aufruf zu passivem Widerstand entstand jedoch ein Dilemma. Der Konflikt zeigt sich in dem Satz: «Der Sinn und das Ziel des passiven Widerstandes ist, den Nationalsozialismus zu Fall zu bringen und in diesem Kampf ist vor keinem Weg, vor keiner Tat zurückzuschrecken.» (Flugblatt 3) Hier wird jede Handlungsoption offengelassen, denn den Autoren muss klar gewesen sein, dass die Regierung allein mit passivem Widerstand, also zivilem Ungehorsam oder Nicht-Mitmachen, mit innerer Emigration und Gesprächen im vertrauten Kreis, nicht zu stürzen war. Die Formulierung «passiver Widerstand» mag gewählt worden sein, um möglichst viele Mitmenschen zu erreichen und den Übergang zu einer aktiven Opposition zu erleichtern. Hans Scholl und Alexander Schmorell selbst erklärten sich bereit, zur Verteidigung «die Waffen zu erheben», um die «Bestien zu vertilgen» (Flugblätter 4 und 2).

Das setzte Leidensbereitschaft voraus. Für Hans Scholl war die christliche Konnotation des Passionsbegriffs gravierend: «Aber wenn diese Katastrophe uns zum Heile dienen soll, so doch nur dadurch: durch das Leid gereinigt zu werden, aus der tiefsten Nacht heraus das Licht zu ersehnen, sich aufzuraffen und endlich mitzuhelfen, das Joch abzuschütteln, das die Welt bedrückt.» (Flugblatt 2) Das Ziel des Aufstands war die Wiedererlangung persönlicher und politischer Freiheit.

Bemerkenswert ist, wie Hans Scholl und Alexander Schmorell im zweiten Flugblatt die Massenmorde an der jüdischen Bevölkerung anprangern. Zunächst betont Schmorell, der Verfasser dieser Passage, sie wollten sich nicht zur «Judenfrage» äußern, «keine Verteidigungsrede verfassen – nein», also dem Antisemitismus keine Absage erteilen. Unabhängig vom Judentum im Allgemeinen müsse es doch jeden human empfindenden Menschen entsetzen, dass die Nationalsozialisten in Polen «*dreihunderttausend* Juden [...] auf bestialischste Art ermordet» hätten. Es sei «das fürchterlichste Verbrechen an der Würde des Menschen, ein Verbrechen, dem sich kein ähnliches in der ganzen Menschengeschichte an die Seite stellen» könne. Die Morde seien inhuman, weil man Menschen ermorde, denn «auch die Juden sind doch Menschen, [...] und an Menschen wurde solches verübt». Der Autor betont das Menschsein der Getöteten, weil die Nationalsozialisten bestimmte Bevölkerungsgruppen als «Untermenschen» klassifizierten, für die humane Standards nicht gelten sollten. Zu Recht wird die Einmaligkeit des Massenmords an den Juden betont.

Wie unsicher Schmorell und Scholl in ihrem Verhältnis zum Judentum waren, zeigt die einschränkende Formulierung: «Man mag sich zur Judenfrage stellen wie man will.» Eine generelle Beurteilung wollte man also vermeiden, und die Autoren gingen sogar so weit, einen antisemitischen Einwand zu erörtern: «Vielleicht sagt jemand, die Juden hätten ein solches Schicksal verdient.» Das weisen sie zwar als «ungeheure Anmassung» zurück, aber mit ihrer Interpretation, dieser Gedanke zeuge von übersteigerter Überheblichkeit, verharmlosen sie diese Ansicht. Offensichtlich hielten die Autoren den Antisemitismus ihrer Leser für so tief verwurzelt, dass sie glaubten, diese würden sich eher durch Morde an nichtjüdischen als an jüdischen Polen erschüttern lassen. Darum benennen sie im Anschluss an die Judenpogrome auch noch die Deportation und Tötung polnischer Adeliger und folgern, die Deutschen seien offensichtlich in ihren «primitivsten menschlichen Gefühlen verroht», so dass sie sich nicht über diese «scheusslichsten, menschenunwürdigsten Verbrechen» entsetzten und Mitgefühl zeigten.

Im dritten Flugblatt heißt es: Wenn die Deutschen keinen Widerstand leisteten, verdienten sie es, «in alle Welt verstreut zu werden». Das war eine gängige Metapher für die Diaspora der Juden, die vorgeblich wegen der Ermordung Christi über sie gekommen sei – ein jahrhundertealtes antijudaistisches Stereotyp. Ein halbes Jahr später gingen Hans Scholl im fünften Flugblatt und Christoph Probst in seinem Entwurf für eine siebte Flugschrift erneut auf die «Judenfrage» ein.

Die vier Flugblätter waren ein Aufschrei, eine flammende Anklage, der Versuch, die Deutschen aus ihrer Trägheit aufzuscheuchen, um das Weiterlaufen der atheistischen «Kriegsmaschine» zu verhindern und die Freiheit wiederzuerlangen. Aber sie waren auch nicht frei von zeitgenössischen Antisemitismen. Positive Reaktionen konnten die beiden Dissidenten jedoch nicht verzeichnen. Stattdessen brachten rund ein Drittel empörter oder verängstigter Adressaten die ihnen zugesandten Briefsendungen willfährig zur Gestapo.

Wann Sophie Scholl erfuhr, dass ihr Bruder und Alexander Schmorell die Urheber dieser Flugblätter waren, ist nicht eindeutig geklärt. Ihre Notiz wenige Tage vor dem Beginn der Frontfamulatur der Studentensoldaten am 23. Juli 1942 legt nahe, dass sie spätestens zu diesem Zeitpunkt eingeweiht war: «In diesem Jahr wird noch eine Entscheidung fallen. Mit jeder Fiber seines Wesens wartet man auf sie.»

Warum «Weiße Rose»?

Hans Scholl und Alexander Schmorell nannten lediglich ihre vier Schriften «Flugblätter der Weißen Rose». Als Scholl von den Gestapo-Beamten, die ihn verhörten, nach dem Beweggrund dafür gefragt wurde, nannte er strategisch-publikumswirksame und gefühlsmäßig-intuitive Erwägungen und räumte einen möglichen Einfluss des romantischen Dichters Clemens Brentano ein:

> Der Name «die Weise [sic] Rose» ist willkürlich gewählt. Ich ging von der Voraussetzung aus, dass in einer schlagkräftigen Propaganda gewisse feste Begriffe da sein müssen, die an und für sich nichts besagen, einen guten Klang haben, hinter denen aber ein Programm steht. Es kann sein, dass ich gefühlsmäßig diesen Namen gewählt habe, weil ich damals unmittelbar unter dem Eindruck der spanischen Romanzen von Brentano «Die Rosa Blanca» gestanden habe. Zu der «Weissen Rose» der englischen Geschichte bestehen keine Beziehungen.

Clemens Brentanos unvollendet gebliebenes Versepos *Romanzen vom Rosenkranz* ist ein religiöses Gedicht, das von der Erlösungskraft des Gebetes handelt. Die Wahl des Namens «Weiße Rose» wäre somit mariologisch-mystisch inspiriert gewesen.

Sophie Scholl hingegen erklärte nach ihrer Verhaftung, sie habe «Mitte Juli [1942] während einer Vorlesungspause in der Universität ein Flugblatt» bekommen. Als sie die Kommilitonen, die um sie herum standen, nach der Bedeutung des Namens fragte, habe ihr Bruder geantwortet, «dass seiner Erinnerung nach während der franz. Revolution die verbannten Adeligen eine weisse Rose als Symbol auf ihren Fahnen geführt hätten». Der Name «Weiße Rose» hätte demnach einen kämpferisch-elitären Ursprung.

Auch B. Travens 1919 in Berlin erschienener Roman *Die weiße Rose* wurde von Inge Jens und Dirk Heißerer als Quelle genannt, obwohl Hans Scholl den Bezug zu einer «englischen Geschichte» klar verneinte. Travens Buch, das in den USA und Mexiko spielt, ist eine sarkastische, desillusionierte Abrechnung mit einem schrankenlosen Kapitalismus. Wenn sie Pate gestanden hätte, wäre die Wahl des Namens «Weiße Rose» antikapitalistisch-sozialrevolutionär motiviert gewesen.

Der emotional stärkste Beweggrund für die Namensgebung war wahrscheinlich Hans Scholls Liebe zu Blumen. In seinen Gedichten symbolisierten sie Schönheit, Schöpfungskraft und den Willen, in eine bessere Zukunft aufzubrechen. Sicher war ihm auch die «Lutherrose» bekannt. In Luthers Siegelring und Wappen bildet eine weiße Rose zusammen mit Kreuz, Herz, Ring und Himmel das «Merkzeichen meiner Theologie», wie es der Reformator selbst formulierte. Die weiße Rose versinnbildlichte für ihn Frohsinn, Ermutigung, Harmonie und Gottes Gegenwart.

Betrachtet man die möglichen Inspirationsquellen für den Namen der «Weißen Rose», so spricht sehr viel dafür, dass Hans Scholl ihn tatsächlich gefühlsmäßig wählte. Er suchte eine Überschrift, die eine öffentlichkeitswirksame, programmatische Alternative zum Bestehenden signalisierte. Dabei hing seine Entscheidung von verschiedenen Einflüssen ab. Die Studenten verzichteten ab dem fünften Flugblatt auf diese Bezeichnung. «Weiße Rose» war nicht der Name der Gruppe, so wurde sie erst später genannt.

Willi Graf: Wenn der Staat die göttliche Ordnung bedroht

Zwei Wochen vor dem Versand des ersten Flugblatts begegneten sich Hans Scholl und Willi Graf. Am 13. Juni 1942 vermerkte der vierundzwanzigjährige Graf in seinem Tagebuch: «Gespräch mit Hans Scholl. Hoffentlich komme ich öfter mit ihm zusammen.» (Graf, S. 37) Der junge Saarländer wurde einer der Münchner Widerstandskämpfer, die ihr Leben für die Freiheit ließen.

Willi Graf, am 2. Januar 1918 in Kuchenheim, heute ein Stadtteil Euskirchens, geboren, war ein ernsthafter junger Mann, zurückhaltend, hilfsbereit, sensibel, musisch, national gesinnt, ein Weinkenner und Pfeifenraucher, der an die Sinnhaftigkeit aller Dinge glaubte. Der regelmäßige Besuch der Messe, die Lektüre der Bibel und theologischer Schriften, sein Einsatz als Messdiener, das Engagement im katholischen Schülerbund «Neudeutschland» und in der Gemeinschaft «Grauer Orden» prägten sein Leben. 1938 inhaftierte man ihn wegen «bündischer Umtriebe» für fünfzehn Tage, weil er weiter in seiner katholischen Jungengruppe aktiv war. Er sang im Bachchor und besuchte oft Konzerte. Georg Friedrich Händels «Messias» bewegte ihn tief. In der Adventszeit 1942 besuchte er gleich zwei Aufführungen des Oratoriums. Es hinterließ einen «unsagbar großen [...], sehr starken Eindruck». Ihn berührte «nicht allein die meisterhafte Art der Darbietung, vielmehr der Glaube und das Wissen um den Inhalt dessen, was gesungen wurde». Besonders ergriff ihn die Auferstehungsarie mit dem Bibel-Zitat «Ich weiß, daß mein Erlöser lebt» (Hiob 19,25). Dieses Hoffnungswort wiederholte er später an seinem Hinrichtungstag und bekannte: «Allein dieser Glaube ist mir Halt und Stärke.» (ebd., 8.12.1942, S. 177; 21.12.1942, S. 179; 12.10.1943, S. 200)

Von der Gestapo im Zuge der Verhöre dazu aufgefordert, for-

Willi Graf in Bad Wildbad, Frühjahr 1940

mulierte Graf am 8. März 1943 auf elf mit Bleistift eng beschriebenen Seiten seinen persönlichen und politischen Lebenslauf. Darin erläuterte er, seine Erziehung sei «ganz vom Geiste religiösen Lebens und der Achtung gegenüber Eltern und Vorgesetzten getragen» gewesen. Früh mit dem religiösen Alltag der katholischen Kirche vertraut, seien die einzelnen Jahreszeiten erfüllt gewesen von religiösen Vorstellungen. Auf der Suche nach geistesverwandten Mitmenschen kam Graf zum Katholischen Jugendverband. Sein Vater, Geschäftsführer einer Weingroßhandlung in Saarbrücken, sei bei der Abstimmung des Saarlandes 1935 über die Zugehörigkeit zu Frankreich oder Deutschland «Blockwart der Deutschen Front» gewesen. Er selbst habe beim Nationalsozialistischen Flieger-Korps exerziert und an Modellflugzeugen gearbeitet. Seinen Arbeitsdienst versah Graf von April bis Oktober 1937 in Dillingen (Saar). Vier Semester lang studierte er Medizin in Bonn, absolvierte im März 1938 in Saarbrücken einen Krankenpflege- und Erste-Hilfe-Kurs und setzte sich im Bereitschaftsdienst des Deutschen Roten Kreuzes ein. 1939 bestand er im September das Physikum und wurde im Herbst auf seine Wehrtauglichkeit gemustert. Im Krieg diente er von Januar 1940 bis März 1942 als Sanitäter in Frankreich, Belgien, Serbien, Polen und Russland, bevor er zum Medizinstudium nach München beurlaubt wurde. Die Wahl des Studiengangs und der Wunsch, Arzt zu werden, seien christlich motiviert, «weil man so dem Gebot der Nächstenliebe gut Folge leisten kann». Er wolle «anderen Menschen in ihrer Not helfen und vor körperlichen Gefahren schützen». Immer schon sei er bemüht gewesen, sein Wissen um theologische Perspektiven zu erweitern. Daher habe er sich stets mit philosophischen und literarischen Fragen beschäftigt, «um auch das Gerüst meiner religiösen Anschauung zu festigen».

Seine gesellschaftspolitische Position beschrieb Graf mit den Worten:

> Die natürlichen Ordnungen, wie Familie, Volk und Staat waren für mich so selbstverständlich von Gott gewollt, dass man deswegen doch keine Schwierigkeiten sehen brauchte. [...] Ich nahm die Dinge wie sie eben kamen und sah im Staat die Autorität, die das Leben der Staatsbürger lenkt und ihre Interessen nach außen vertritt.

Graf fasste zusammen: «Jede Ordnung ist von Gott, so die Familie, das Volk, der Staat.» Er bezog sich damit auf einen Satz aus der Bibel (Römer 13,1), der seit Jahrhunderten die Haltung von Christen zu den Herrschenden prägte: «Jedermann sei untertan der Obrigkeit, die Gewalt über ihn hat. Denn es ist keine Obrigkeit außer von Gott; wo aber Obrigkeit ist, ist sie von Gott angeordnet.» Jeder solle sich also den Anordnungen der übergeordneten Autoritäten fügen, denn es gebe keine öffentliche Ordnungsmacht, die ihren Ursprung nicht letztlich bei Gott habe. Der Apostel Paulus, von dem diese Sätze stammen, vertrat die Ansicht, dass auch die zu seiner Zeit herrschenden Machthaber – die römischen Kaiser – von Gott an ihre Stelle gesetzt worden waren. Wenn das Imperium Romanum gottgewollt war, dann auch das «Dritte Reich». Wer dagegen aufbegehre, so die Folgerung, bringe Unordnung und Chaos, handelte widergöttlich.

Wie stark Willi Graf noch Ende 1941 in den propagierten

und verbreiteten Vorstellungen von stählernem Durchhaltewillen und Opferbereitschaft gefangen war, zeigt seine Wertschätzung eines kriegsverherrlichenden Gedichts. Bei seiner Brieffreundin Marita Herfeldt erkundigte er sich: «Hast Du das Gedicht gelesen, welches im Lyrikpreis der ‹Dame› besonders ausgezeichnet wurde? – Herz unter dem Schicksal – von Bodo Schütt, einem aktiven Militärmediziner. Die Sprache ist gut und zuchtvoll, der Sinn hat mich sehr berührt. Froh bin ich darüber, daß mir dieses Heft mit dem Gedicht in die Hände fiel, ich lese es oft, immer wieder.» (Graf, 18.12.1941, S. 137)

Die Jury der Modezeitschrift *Die Dame,* die das Gedicht mit dem Hauptpreis des Jahres auszeichnete, war mit (damals) angesehenen Literaten besetzt: Georg Britting, Marie Luise Kaschnitz, Julius Petersen, Ludwig Emanuel Reindl und Friedrich Schnack. Sie hatten geurteilt, Schütts Gedicht wirke «in seiner sehr männlichen Verhaltenheit und zuchtvollen Strenge, in seiner vor Empfindung gleichsam stählernen Härte als das allgemeingültige Bekenntnis eines Mannes, der die Kraft hat, sein Herz dem großen deutschen Aufbruch darzubringen» (Heft 14, 2.6.1941, S. 8 / Heft 23, 6.11.1941, S. 8 ff.):

Herz unter dem Schicksal

Wo bleibt in dem Wirbel der Tage
die Mitte, die ewig beruht,
die Achse der schwankenden Waage,
Gestirn über strömender Klage,
der Quell unterm wandernden Blut?

Unendliche Wandlung ist rege
und treibt den Beharrenden aus
von Heimstatt und sichrem Gehege
auf fremde, mühselige Wege –
das Reich ist ein riesiges Haus.

Und wächst aus der Jünglinge Kammer
weit über der Länder Gebreit,
und wird unter Jubel und Jammer
vom harten und herzlosen Hammer
des Krieges gefügt und gefeit.

Der Mann nur erträgt die Gewichte
des Schicksals erhobenen Blicks
und wandelt in grosse Gesichte
noch Schrecken und Tod, und in schlichte
Bewährung das Opfer des Glücks.

Die Frauen stehn bleich an der Pforte
und winken den Scheidenden nach
mit tapfer verhaltenem Worte
o Lächeln, das Angst schon verdorrte,
o Träne, geheim im Gemach.

O Marschtritt in ruhlosen Nächten
und Himmel, erdröhnend von Erz –
mit Göttern ist nimmer zu rechten,
doch unter den tosenden Mächten,
geringer nicht, dauert das Herz,

das tief in sich selber beschlossen
und ganz aus sich selber bewegt
die Fülle der Jahre genossen
und nun auch den Willen der grossen
Gewalten als seinen erträgt.

Bestehen kann die Prüfungen des Kriegs nur, wer ihn opferbereit und demütig erträgt, ohne sich dabei als Person zu verlieren. Die Verleihung des Lyrikpreises fiel ins dritte Kriegsjahr, im Juni 1941 hatte die Wehrmacht die Sowjetunion überfallen. Der Autor, ein Wehrmachtsarzt, sah darin kein Verbrechen, sondern das Walten höherer Mächte; die Jury vernahm in Schütts «guten und gültigen Strophen gerade diese besondere des deutschen Schicksals gewisse Stimme».

Willi Graf teilte noch Ende 1941 die allgemein verbreitete fatalistische und heroische Haltung zum Krieg. Er verstand sich als Teil eines großen Ganzen, das, obgleich oft leidvoll, doch zu ertragen, mehr noch, mitzutragen war. Lange glaubte er, «dass man ein guter Christ oder Katholik und gleichzeitig Nationalsozialist sein» könne, wie er am 26. April 1943 im Verhör durch die Gestapo sagte. Erst als er den «Kampf gegen das Christentum», die Entkirchlichung des öffentlichen Lebens, wahrnahm, musste er sich entscheiden, welcher der «natürlichen Ordnungen» er folgen wollte: dem Staat oder Christus. Graf hatte während seiner verschiedenen Fronteinsätze «Grauenhaftes» und «Schreckliches» erfahren und mitangesehen: «ich wünschte, ich hätte das nicht sehen müssen, was ich alles in dieser Zeit mit anschauen mußte», schrieb er seiner Schwester Anneliese (10.8. 1941, S. 130; 1.2.1942, S. 147). Er erlebte, dass der NS-Staat die Schöpfungsordnung missachtete und einem brutalen Eroberungs- und Vernichtungskrieg unterwarf. Als es ihm nicht mehr gelang, dahinter einen ordnenden göttlichen Willen zu sehen, wurde der christliche Glaube, der in seiner überkommenen Form staatstragend und quietistisch war, zur Grundlage und zur Rechtfertigung des Widerstands.

Zu dieser Erkenntnis verhalf Willi Graf wesentlich Hans Scholl: «Ehe ich die Bekanntschaft mit Hans Scholl machte, hatten politische Fragestellungen und Probleme mich nicht besonders interessiert und ich hatte mir auch nicht sehr viel Gedanken darüber gemacht.» Von Scholl lernte er ab Sommer 1942, in spirituellen und politischen Dimensionen zu denken: «Im Verlauf dieses Zusammenseins lernte ich ihn schließlich als Autorität in diesen Fragen des religiösen Lebens anerkennen und schloss mich seinen Meinungen an. […] Ich ließ mich einfach von ihm überzeugen.»

Kernpunkt in Hans Scholls religiöser Weltanschauung war die persönliche Orientierung an Jesus Christus und dessen Botschaft. Die daraus entstandene «Freiheit eines Christenmenschen» – wie Luther es formulierte – ermöglichte es ihm, sich von kirchlichen Vorgaben zu lösen und gegen die Obrigkeit zu wenden. «Als ob der Friede keine Tat wäre», stellte er Anfang 1942 fest und verwies auf zwei Jesusworte (Lukas 12,49, Matthäus 10,34; IfZ 11.10., Bd. 148, Notat in Werner Jaeger, Paideia, S. 126/27). Das war für Willi Graf der Weg, «der immer auf Christus hinzielen kann», wie er in seinem letzten Brief an seine Schwester schrieb. Die Beziehung zwischen Graf und Scholl war monatelang nur auf das Nachdenken über religiöse und philosophische Fragen ausgerichtet. Ab «Dezember 42 und Januar/Febr. 43» wurden dann «auch politische Fragen besprochen», und auch dabei «vertraute» Willi Graf «ziemlich seinen [Scholls] Anschauungen». Bei der ersten Vernehmung nach seiner Verhaftung führte er aus: «Scholl ist evangelisch, ich selbst bin katholisch. Trotzdem zeigte Scholl für diesen Glauben ein besonderes Interesse. Auf diese Weise standen wir uns in dieser Beziehung sehr nahe.»

Willi Graf ging in den Widerstand, weil er begonnen hatte, sich unmittelbar auf das Evangelium Jesu Christi zu beziehen; damit löste er sich von der tradierten Lehre der Amtskirchen: «Ich behaupte, daß dies garnicht das eigentliche Christentum war, was wir all die Jahre zu sehen bekamen und das uns zur Nachahmung empfohlen wurde. In Wirklichkeit ist Christentum ein viel schwereres und ungewisseres Leben [...].» Durch Scholl erkannte er auch die politische Dimension des christlichen Glaubens. Ihm wurde klar: «Jeder Einzelne trägt die ganze Verantwortung.» Es sei «die Pflicht, dem Zweifel zu begegnen und irgendwann eine eindeutige Richtung einzuschlagen» (ebd., 6.6.1942, S. 162, 161).

Willi Graf hatte viele Bekannte; dennoch bedrückte ihn oft das Gefühl des Alleinseins und der Einsamkeit. In sein Tagebuch schrieb er: «Immer bin ich allein, ganz allein.» «Ich fühle mich allein und bin unzufrieden mit mir und meinem Tun.» «Immer ist das gleiche, daß ich mich am Wochenende so einsam fühle.» Die Last der Einsamkeit spürte er auch während der Frontfamulatur in Russland: «Ich fühle mich so verlassen, obwohl wir doch zusammen sind», und: «Immer dieses Gefühl der Einsamkeit.» Hinzu traten Selbstzweifel: «Ich finde, daß ich ihnen [den Kameraden] ferne rücke, obwohl mir doch an dem Zusammensein viel liegt. Es geht mir eigentlich immer so im Zusammenleben mit mir lieben Menschen. Was bin ich für ein Mensch?» (ebd., S. 37, 39f., 49, 52, 51) «Erfreulich» war für ihn bei seinem ersten Einsatz im Osten nur die Begegnung mit einer jungen Russin. Im November 1941 hatte er das «Kind» oder «Mädchen» Katja kennengelernt. Sie wurde für ihn zu einem schwärmerischen Ideal Russlands. Ihr «Gesicht» und ihre «Anmut» warfen einen «Glanz auf diese Zeit». Er wünschte, er könne sie «hüten und beschützen»; doch es blieb beim «Anschauen» und Gebet für sie (Goergen, S. 95, 101, 104ff.).

In der Heimat verstärkte eine andere unerfüllte Liebe Willi Grafs Niedergeschlagenheit. Die junge Studentin Marianne Thoeren hatte er in Bonn kennengelernt, doch sprach er mit niemandem über seine Gefühle. Als er zum Medizinstudium nach München ging, konnten sie sich fast nur brieflich verständigen. Seit seinem ersten Schreiben im Februar 1940 warb er um sie – allerdings ohne Erfolg. Im November 1942 machte sie ihm klar, dass es bei einer Freundschaft bleiben müsse, denn sie sei «gebunden». Graf: «Es ist mir, als verspüre ich körperlich einen Schlag, ich werde fast überwältigt.» (Graf, S. 79 f.) Das sei wohl «die schwerste Entscheidung» seines bisherigen Lebens gewesen. Noch Anfang Dezember 1942 erfüllte sie ihn mit «Bitterkeit» (ebd., 8.12.1942, S. 177).

Willi Graf hätte sich kaum so risikobereit der Gruppe um Hans Scholl und Alexander Schmorell angeschlossen und Widerstand geleistet, wenn seine Sehnsucht nach Marianne Thoeren und der Wunsch nach liebevoller Zweisamkeit erfüllt worden wären. Er hatte sich gefragt, ob Trauer nicht «fruchtbar» machen könne, also zu einer Tat befähige, ein Handeln, mit dem er seinem Schmerz einen «Sinn» geben konnte. Für ihn geschah nichts zufällig, alles hatte eine tiefere Bedeutung – der Kränkung enttäuschter Liebe gab er selber einen Sinn: Ungebunden stürzte er sich in den Freiheitskampf.

Scholl, Schmorell und Graf: Frontfamulatur

Bevor Hans Scholl und Alexander Schmorell weitere Widerstandsaktivitäten in Angriff nehmen konnten, wurden sie im Sommer 1942 zu einem Pflichtpraktikum, einer «Famulatur», an die Ostfront abkommandiert. Die Studentenkompanie fuhr am 23. Juli mittags von München ab. Mit ihnen reiste auch Willi Graf. In seinem Tagebuch hielt er fest: «Schon um 7.00 Uhr am Ostbahnhof. Verladen. Abfahrt erst um 11 Uhr. Unser Abteil ist gut. Ich fühle mich wohl, wir haben Platz und können reden. Das ist schon viel wert.» (Graf, S. 44) Auch wenn die drei im Osten nicht immer zusammenblieben, so waren die Wochen dort doch bedeutsam, um sich abzustimmen und weitere Widerstandsaktivitäten auszuloten. Verschlüsselt schrieb Graf über ihr Zusammensein: «Ich stelle mir vor, daß dies für die nächste Zeit seine Bedeutung hat.» Er erwähnte später «sehr anregende» Gespräche mit Hans Scholl bei Spaziergängen oder nachts «mit interessantem Ergebnis» (ebd., S. 53, 68 f.).

Auf der Hinfahrt hielt der Zug in Warschau. Dort sahen die jungen Männer bei einem Rundgang durch die einstige polnische Hauptstadt entsetzt und hilflos von außen das Ghetto, in dem die jüdische Bevölkerung unter unmenschlichen Bedingungen auf engstem Raum zusammengepfercht war. Willi Graf: «Das Elend sieht uns an. Wir wenden uns ab.» (ebd., S. 44)

In Russland besuchten die Sanitätssoldaten einen orthodoxen Gottesdienst. Die geheimnisvolle Atmosphäre zog sie in den Bann. Scholl beschrieb sie so: «Man betritt eine geräumige Halle, die gewölbte Decke ist von Ruß geschwärzt, der Fußboden ist aus Holz gezimmert, warmes Halbdunkel erfüllt den Raum, und nur die Kerzen unter dem Altar und den Ikonen überschütten mit Gold die heiligen Bilder.» Er war von der hingebungsvollen Frömmigkeit der Menschen tief bewegt: «Die Herzen aller Gläubigen schwingen mit, man spürt die Bewegung der Seelen, die sich ausschütten, die sich öffnen [...], die endlich heimgefunden haben zu ihrer wahrhaftigen Heimat.» In der Kirche fiel sein Blick in eine dämmrige Ecke, wo zwei Frauen ihre Kinder stillten. «Hier sehe ich», notierte er, «ein Symbol für die nie versiegende Kraft der Liebe.» (9.8.1942)

Graf, Schmorell und Scholl wurden im Lazarett mit grausamstem Elend konfrontiert: «Hier sterben täglich zehn, das ist noch nicht viel und es wird kein Aufhebens davon gemacht», bemerkte Scholl, «ich höre nur Tag und Nacht das Stöhnen der Gequälten, wenn ich träume, die Seufzer der Verlassenen, und wenn ich nachdenke, enden meine Gedanken in Agonie.» (ebd., 28.8.1942) Ihr Einsatzort, der Hauptverbandsplatz des Infanterie-Regiments 461 der 252. Division in Gžatsk – etwa 150 Kilometer westlich von Moskau –, lag kaum zehn Kilometer von der

Hubert Furtwängler, Hans Scholl, Willi Graf und Alexander Schmorell (von links) in Gžatsk bei ihrer letzten gemeinsamen Mahlzeit, bevor sie an verschiedene Frontabschnitte abkommandiert wurden

Frontlinie entfernt. Für Willi Graf waren Tristesse und Sinnlosigkeit mit Händen zu greifen: «Es regnet. Dieser Tag ist voller Elend und rührt nahe an der Verzweiflung. Man sitzt tagsüber im Bunker, tut nichts. Schon halten wir die ganze Zeit Feuer an, weil es so kühl ist. Trotzdem bin ich so müde und ohne Spannung. Wenn ich mir vorstelle: Noch einige Zeit in dieser Form. Es ist fürchterlich.» (Graf, 17.9.1942, S. 58) Den Überfall auf Russland scheint er aber immer noch nicht als Verbrechen wahrgenommen zu haben. Im Oktober 1942 staunte er, «wie groß die Wut über die Deutschen ist, eine richtige Abneigung» (ebd., 20.10.1942, S. 67).

Als Hans Scholl und Alexander Schmorell einen toten sowjetischen Soldaten fanden, begruben sie ihn: «Neulich haben Alex und ich einen Russen begraben. Er muss schon lange draußen gelegen haben. Der Kopf war vom Rumpf getrennt und die

Weichteile schon verwest. Aus den halbverfaulten Kleidern krochen Würmer. Wir hatten das Grab schon fast zugeschüttet mit Erde, da fanden wir noch einen Arm. Zum Schluss haben wir ein russisches Kreuz gezimmert und am Kopfende in die Erde gesteckt. Jetzt hat seine Seele Ruhe.» Die Bestattung war ein Akt tiefer Mitmenschlichkeit, und mit der Errichtung des Kreuzes setzten sie ein starkes, christliches Hoffnungszeichen: Der Tod ist nicht das Letzte.

Das schreckliche Leid trieb Hans Scholl zu dem ergreifenden Bekenntnis:

> Wenn Christus nicht gelebt hätte und nicht gestorben wäre, gäbe es wirklich gar keinen Ausweg. Dann müsste alles Weinen grauenhaft sinnlos sein. Dann müsste man mit dem Kopf gegen die nächste Mauer rennen und sich den Schädel zertrümmern. So aber nicht. (28.8.1942)

Im handschriftlichen Original merkt man an dem engen Schriftbild sowie den mehrfachen Streichungen und Neuformulierungen den Druck, unter dem Hans Scholl stand, und die Anstrengung, mit der er um die rechten Worte rang. Die vielfachen Eindrücke an der Ostfront verarbeitete der junge Sanitätsfeldwebel in seinen Gesprächen mit Gott. Bereits Anfang 1942 hatte er geschrieben: «Ich habe endlich nach vielen, fast unnütz verflossenen Jahren das Beten wieder gelernt. Welche Kraft habe ich da gefunden! Endlich weiß ich, an welcher unversieglichen Quelle ich meinen fürchterlichen Durst löschen kann.» (5.1.1942) In Russland formulierte er – nach der Schilderung von Naturschönheiten, Zerstörung und Kinderspiel – ein Gebet:

> O, Gott der Liebe, hilf mir über meine Zweifel hinweg. Ja, ich sehe die Schöpfung, die Dein Werk ist, die gut ist. Aber ich sehe auch das Werk der Menschen, unser Werk, das grausam ist und Zerstörung und Verzweiflung heißt und das die Unschuldigen immer heimsucht. Erbarme dich dieser Kinder! Ist das Maß der Leiden noch nicht bald voll? Warum wird das Leid so einseitig ausgestreut? (31.7.1942)

Aus betroffenem Sehen und gläubigem Gebet mussten für Hans Scholl entschiedene Taten folgen. Mit geradezu alttestamentlichem Pathos forderte er Gott auf, endlich richtend und rächend einzugreifen: «Wann fegt ein Sturm endlich all diese Gottlosen hinweg, die Dein Ebenbild beflecken, die einem Dämon das Blut von Tausenden von Unschuldigen zum Opfer darbringen?» (ebd.) Als dieser Orkan ausblieb, handelte Hans Scholl selbst. Es liegt nahe, dass er sich dabei als Werkzeug Gottes verstand. In den ersten Flugblättern hatten Schmorell und er einen gerechten Staat gefordert, der die Freiheit des Einzelnen schützt und fördert. Für dieses Ziel waren sie nun entschlossen, alles zu wagen. Am 1. November 1942 trat die Studentenkompanie die Rückreise an und traf am 6. November 1942 nachts wieder in München ein.

Die fünfzehnwöchige Fronterfahrung in einem nationalistisch und rassistisch motivierten Vernichtungskrieg hatte Hans Scholls christlichen Glauben und seinen politischen Widerstandswillen radikalisiert. Er war zu der Überzeugung gelangt, Hitler müsse mit allen Mitteln, auch mit Waffengewalt, beseitigt werden. Am 14. Dezember 1942 fasste er das in den Worten zusammen: «Wenn die wilden Tiere ihren Gewahrsam gesprengt [haben] und unters Volk gelaufen sind, muss eben jeder, der einen starken Arm hat, nach der Waffe greifen.» Von der Notwendigkeit eines militanten Widerstands überzeugte er Alexander Schmorell und Willi Graf.

Christoph Probst: Die langen Schatten des Vaters

Die bekannteste Fotografie von Akteuren der «Weißen Rose» zeigt Hans Scholl, Sophie Scholl und Christoph Probst zusammen am Münchner Ostbahnhof. Es ist der 23. Juli 1942, Tag der Abreise zur Frontfamulatur, von der Probst freigestellt worden war. Die drei sollten sieben Monate später gemeinsam sterben. Mit auf dem Bahnhof war auch Alexander Schmorell. Probst kannte ihn seit ihrer gemeinsamen Schulzeit 1935 in München. Durch ihn wusste er schon früh von den Widerstandsüberlegungen, aktiv wurde er aber erst Ende Januar 1943 durch den Entwurf eines Flugblattes.

Hermann Christoph Ananda Probst wurde am 19. November 1919 in Murnau am Staffelsee geboren. Er war das zweite Kind des promovierten Chemikers und Sanskritforschers Hermann Probst und der Lehrerin Katharina (Karin) Probst. Mit seiner eineinhalb Jahre älteren Schwester Angelika verband «Christel», wie er sich nannte, ein außerordentlich inniges Verhältnis: «Du bist es selbst in mir, Du lebst in mir und mit mir und ich in Dir!», schrieb er ihr am 12. November 1942 (die folgenden Briefzitate: Schmorell/Probst). Die Familie lebte im Haus von Elise Jaffé, geborene Rosenthal, die später Christophs Vater heiratete. Ein umfangreiches Erbe ermöglichte es Hermann Probst, sich ausschließlich der Kunst, Philosophie und Religion zu widmen. Besonders faszinierte ihn der Buddhismus. Einer der Vornamen Christophs, «Ananda» – auf Sanskrit: «Glück» –, zeigt das. Im Haus Probst verkehrten Vertreter der deutschen kulturellen Elite, wie etwa der Maler Paul Klee, der Dichter Rainer Maria Rilke und der Komponist Heinrich Kaminski. Wesentlich waren für Hermann Probst die Werke des expressionistischen Malers Emil Nolde, der, obwohl bekennender Nationalsozialist und Antisemit, in der NS-Zeit mitsamt seinen Bildern verfemt wurde. Sie waren für ihn, wie Vater Probst dem Künstler schrieb, die Offenbarung einer «durch den Geist hindurch in das Blut verankerten» Kunst (14.4.1917). In weitreichenden, verschlungenen Gedankengängen verknüpfte er Noldes Kunst mit fernöstlichen Philosophien, Astrologie und Anthroposophie. Die Familie besaß mehrere Werke des Künstlers, unter anderem ein «Springbrunnenbild» (1916), das Christoph und seine Frau Herta zu ihrer Vermählung 1941 geschenkt bekamen und das «durch seine kraftspendende Strahlkraft» zum «Schwerpunkt» ihrer Wohnung wurde (22.12.1942).

Hermann Probsts Hinwendung zum Buddhismus konnte seine Frau nicht mittragen. Nach zwei Ehejahren verließ sie ihn 1919 zusammen mit der einjährigen Angelika, kurz vor der Geburt Christophs. Die Scheidung erfolgte 1922: Angelika kam nun endgültig zur Mutter, Christoph zum Vater. Dessen Persönlichkeit und religionsphilosophische Gedankenwelt wurden für ihn prägend. Seine Mutter heiratete 1923 erneut, den Ingenieur Eugen Sasse, und brachte 1924 Christophs Halbbruder Dieter zur Welt.

Christoph Probsts Schulzeit war von permanenter Instabilität geprägt. Es reihten sich Schulwechsel, Umzüge, familiäre Turbulenzen und Brüche aneinander. 1943 gab Probst im Gestapo-Verhör vereinfachend zu Protokoll, er habe keine Volksschule besucht, sondern sei bis zum zehnten Lebensjahr von seiner Mutter unterrichtet worden. Allerdings lebte er seit seinem zweiten Volksschuljahr bei seinem Vater in dem bekannten Wintersportort Oberstdorf, der dort 1928 Elise Jaffé ehelichte. Da Jaffé aus einer wohlhabenden jüdischen Familie stammte, konnte Hermann Probst seine Studien fortsetzen, obwohl er nach dem Ersten Weltkrieg das Erbe seiner Eltern nahezu aufgebraucht hatte.

Nach Schulstationen in Nürnberg und Marquartstein wechselte Christoph mit seiner Mutter und Schwester 1935 nach München-Schwabing. Katharina Sasse hatte sich inzwischen von ihrem zweiten Ehemann getrennt. Als Christoph im April in die siebte Klasse des Neuen Realgymnasiums aufgenommen wurde, traf er dort auf Alexander Schmorell. Beide verband bald eine «unzerreißbare Freundschaft» (11.2.1937). Das Abiturjahr verbrachte Probst 1936/37 im Landerziehungsheim Schondorf am Ammersee. Weil die gymnasiale Schulzeit auf acht Jahre verkürzt worden war, konnte er bereits mit siebzehn Jahren im März 1937 die Hochschulreife erwerben. Seine Mutter schloss 1941 die dritte Ehe mit dem Arzt Heinrich Kleeblatt.

Beim Machtantritt Adolf Hitlers war Christoph Probst dreizehn Jahre alt. Ab seinem fünfzehnten Lebensjahr gehörte er von November 1934 bis März 1937 zur Hitlerjugend. Briefe aus dieser Zeit zeigen seine positive Einstellung zur Jugendorganisation der NSDAP. Im Landerziehungsheim Schondorf begegnete Probst seinem späteren Schwager Bernhard Knoop, der ihn in seine besondere «Kameradschaft» innerhalb der HJ aufnahm. Knoop war überzeugter Nationalsozialist, seit 1937 Parteimitglied und leitete ab jenem Jahr das Landerziehungsheim

Marienau bei Lüneburg im nationalsozialistischen Sinne. Christoph Probsts Schwester Angelika unterstützte ihn dabei nach ihrer Eheschließung 1938. In einer Informationsbroschüre über Marienau schrieben sie 1938: «Der national-sozialistische Gedanke der Volksgemeinschaft ist uns somit lebendige Erfahrung, richtunggebend ist das Bewusstsein, Deutsche zu sein, wie es sich erfüllt in der Verpflichtung gegenüber Volk und Staat und in der Treue zum Führer.» (Zankel, Mit Flugblättern, S. 192) Christoph Probst besuchte das Ehepaar mehrfach. 1939 waren die Tage in Marienau «alle in jeder Beziehung ‹sonnig›» (27.6.1939). Seinen Aufenthalt im November 1942 nannte er eine «erfüllte glückliche Zeit», besonders «imponierte» ihm der Einsatz der beiden für das Landschulheim (12.11.1942). Politische Differenzen gab es offenbar keine, oder sie wurden nicht thematisiert.

Am 29. Mai 1936 nahm sich Christoph Probsts Vater, der an Depressionen litt, das Leben. Erste Hinweise auf Hermann Probsts fragilen Seelenzustand gab es früh. (Nachfolgend: Patientenakte Hermann Probst) Von seinem Vater war er wegen «Verschwendung» entmündigt und «zur Beobachtung auf seinen Geisteszustand in die psychiatrische Klinik» eingewiesen worden. Im August 1914 rückte er als Kriegsfreiwilliger ein, bald aber meldete er sich wegen «Nervosität» krank und wurde im Februar 1915 «wegen Dienstunbrauchbarkeit» entlassen. Ab 1921 fürchtete er, geisteskrank zu werden. Rückblickend erklärte er einer Freundin 1934, sie könne sich «gar nicht vorstellen», wie es sei, sich «13 Jahre immer dem Wahnsinn nahe» zu fühlen. Christoph Probst war, als sein Vater diese Ängste bekam, zwei Jahre alt. Ab Ende 1934 verschlechterte sich Hermann Probsts psychischer Zustand deutlich. Hinzu traten Selbstvorwürfe wegen seiner Zuneigung zu Kindern und die Angst, der Pädophilie bezichtigt zu werden. In Weihnachtsbriefen an Emil Nolde schrieb er von einer «inneren Lebenskrisis», die ihn blockiere. Christophs Schulzeugnis 1935 deutete die Auswirkungen auf ihn nur an: Der Vater sei «leidend, was den Jungen seelisch etwas belastet». Anfang 1936 verschlimmerte sich die Depression. Am 10. März «mogelte» ihn seine Frau «mit List» in die Privatklinik Kennenburg-Esslingen; dort wurde er als «schwerer schizoider Psychopath» behandelt. Die Patientenakte schildert: «Viel auf der Veranda, dort meistens ekstatisch verzückt der Sonne zugewandt, um die Lichtkräfte in sich aufzusaugen. Von einer Menge von Ängsten gequält, Gott habe ihn verlassen oder werde ihn verlassen. Angst, geisteskrank zu werden, indem die dunklen Mächte die Oberhand behielten, dass die Familie untergehe, viel vor sich hinsprechend, z. T. unverständlich. Halluziniert sichtbar, während jeder Unterhaltung.»

Mehrfach versuchte Hermann Probst zu fliehen – physisch und psychisch –, fand aber keinen Weg aus seinen Ängsten. Schließlich setzte er seinem Leben ein Ende, indem er sich aus einem Fenster des Arzthauses stürzte. Er starb nach wenigen Minuten an den Folgen eines Schädelbasisbruches. Der behandelnde Nervenarzt resümierte: «Vielleicht ist es für den Kranken, so scheußlich es für die Familie und uns war, die beste Lösung.»

Nach dem Tod des Vaters idealisierte ihn Christoph Probst. Das Wort «Tod» sei für ihn bedeutungslos geworden, die Bilder des Vaters seien ihm «wie eine Nahrung» (13.6.1936). Er habe einen Glanz auf alles geworfen und er selbst sei nun froh, dass er darunter lebe. Zur Überhöhung des Vaters gehörte, dass er mit keinem Wort dessen schizoide Psychose erwähnte. Er sah ihn in einem gleißenden, kosmischen Licht, in dem er selbst am liebsten leben wollte, und empfand sich als «Stellvertreter des Vaters» (A. Probst, Christoph Probst, S. 128).

Doch lasteten die Schatten des Vaters weiter auf der Familie, denn Hermann Probst hatte seine sechzehn- und achtzehnjährigen Kinder sowie seine Ehefrau Elise zurückgelassen, die er mit seinem Tod besonders gefährdete. Denn als Jüdin verlor sie ihren Status, Teil einer «privilegierten Mischehe» zu sein; sie war fortan weitgehend rechtlos und lebte in ständiger Bedrohung, deportiert zu werden. Durch den Tod des Vaters hatte Christophs Bestreben, mit allem in Harmonie zu leben, einen irreparablen Riss erhalten. Umso mehr war er bestrebt, um sich herum den Wohlklang einer heilen Welt zu errichten, denn «auf diese Harmonie kommt es an» (20.6.1936). Darum verstand er sich auch gut mit Alexander Schmorell. Mit ihm könne man «keine Störung oder Enttäuschung erleben, er hebt höchstens die Harmonie» (24.6.1936). In dieser Zeit suchte er «nach etwas Absolutem, nach einem Fels, der aus all den Nebeln der Täuschungen herausragt», an dem er sich festhalten könne. «Erst neulich» habe er «den Fels gefunden, es ist die Liebe». Sie herrsche «überall auf jeder Welt und zwischen den Welten, zwischen ‹Toten›, die mehr Leben in sich haben als die Menschen der Welt, und den Lebenden, die vielleicht Tote sind» (13.6. 1936).

Hermann Probst prägte seinen Sohn nicht nur philosophisch-religiös. Die psychische Labilität seines Vaters begleitete Christoph bis zum Tag der Hinrichtung. Er übernahm als Ausflucht das Krankheitsbild seines Vaters, als er am 22. Februar 1943 vor Gericht erklärte, er habe in einem «psychotischen Depressionszustand» den Entwurf für ein siebtes Flugblatt verfasst.

Auf dem Weg zur «Weißen Rose»

Unmittelbar nach dem Abitur im März 1937 musste Christoph Probst seinen sechsmonatigen Arbeitsdienst beim Bau des Donaudammes in Niederbayern ableisten, an den sich ein zweijähriger Wehrdienst bei der Luftwaffe in München-Freimann anschloss. Hatte er zuweilen schon den Tagesablauf im Landschulheim als einengend erlebt, so fand er nun, die Dienste überstiegen jedes «vernünftige Maß» (16.11.1936). Rückblickend war für ihn diese «Eingespanntheit» ein «Albtraum» (27.6. 1939). 1938 entschloss er sich, Medizin zu studieren. Dadurch konnte er die letzten fünf Monate seines Wehrdienstes in einer Sanitätsschule verbringen, wo er zum Sanitätsgefreiten ausgebildet wurde.

Im Sommersemester 1939 begann Christoph Probst das Studium an der Ludwig-Maximilians-Universität in München. Die wiedererlangte Ungebundenheit empfand er als «paradiesisch» (27.6.1939). Nach Beginn des Krieges am 1. September 1939 wurde er im Oktober als Sanitätsunteroffizier zum Militär eingezogen, aber sogleich zum Studium abkommandiert, was ihm weiterhin ein relativ freies und ungebundenes Leben ermöglichte. Er fand: «In München lebt sich's immer noch nett, trotz Krieg und Verdunkelung» (9.11.1939). Wenn Probst über den Verlust von Freiheit klagte, so hatte das keinen näheren politischen Bezug, stets ärgerte er sich über die Einengung seiner «persönlichen Freiheit» (1.12.1941) durch staatliche Dienste und Kasernierung. Als er im April 1940 ins Krankenrevier der Flakartillerieschule Altenstadt in Südbayern versetzt wurde und dort bis zum August tätig war, betrachtete er «das ganze Zeitgeschehen etwas überpersönlicher», was ihm «eine gewisse Ruhe und einen landsknechtsartigen Fatalismus» ermögliche (30.5.1940). Privates war für ihn ungleich vordringlicher als Politik, denn am 7. Juni gebar seine Freundin Herta Dohrn in Sonthofen ihren ersten gemeinsamen Sohn Klaus Michael.

Der zwanzigjährige Christoph Probst tat sich mit der Vaterrolle schwer: «Nun bin ich Vater, ohne es so recht zu wollen, meine Freude ist aber dennoch gross.» Seine widerstreitenden Gefühle beschrieb er so: «Ich habe die schlimme Eigenschaft, dass ich das Leben so oft in einem neuen Lichte sehe. Ich versäume keine Gelegenheit mich in den verführerischen Wirbel zu stürzen, dadurch wird vieles verwirrt, was einfach und klar sein könnte [...].» Er werde «wie ein Blatt in einem Strudel gewirbelt». Erst später werde er «wirkliche Klarheit gewinnen» (20.6.1940).

Ganz ausweichen konnte er dem Weltgeschehen jedoch nicht, denn die Wehrmacht hatte gerade den Frankreichfeldzug siegreich beendet, was propagandistisch allgegenwärtig war. Probst verband seinen allgemeinen Wunsch nach Frieden mit dem Glauben an die Überlegenheit der deutschen Waffen: «hoffentlich kommt der Frieden bald ganz», denn England könne jetzt «nur einen Verzweiflungskampf kämpfen» (ebd.). Er hoffte auf einen siegreichen, von Deutschland bestimmten Friedensschluss, der es ihm und seiner Familie ermöglichte, weiter in Glück und Harmonie zu leben. Im November 1940 wurde Christoph Probst volljährig. Nachdem er Anfang 1941 seine ärztliche Vorprü-

Christoph Probst mit seinem Sohn Klaus Michael

fung, das sogenannte Physikum, abgelegt hatte, wurde er in die Garnison des Fliegerhorstes Schongau versetzt.

Wenn Christoph Probst an die politischen Verhältnisse dachte – Gerüchte über einen Angriff auf die Sowjetunion verdichteten sich –, so fand er im April 1941, die Zukunft liege vor einem wie ein «absolutes Nichts, wie eine dunkle Schlucht». Dennoch sei er «doch hoffnungsfroh und zuversichtlich» und freue sich auf die kommenden Jahre, denn seine «kleine Familie» gebe ihm das «Gefühl eines starken Geborgen-Seins» (8.4.1941). Solange er glaubte, Privates und Politisches trennen zu können, gab es für ihn keinen Grund, öffentlich aufzubegehren.

Anfang Mai konnte Christoph Probst wieder in München studieren, doch im Oktober wurde er für das Wintersemester 1941/42 nach Straßburg an die neu gegründete «Reichsuniversität» abkommandiert. Auf den erneuten Eingriff in seine Autonomie reagierte er verärgert, aber auch mit Duldsamkeit. Man müsse zwischen dem äußeren und dem inneren Menschen unterscheiden: «Im äusseren Leben ist der Mensch so exponiert, er muss sich Vielem fügen, aber das ist seine Freiheit: er kann sich zu einer gegebenen Situation geistig einstellen wie es ihm gemäss ist; der Geist ist immer frei u. selbständig.» (11.12.

1941) Während der Weihnachtsferien konnte er am 30. Dezember 1941 die Geburt seines zweiten Sohnes Vincent in Ruhpolding erleben. Ab Anfang Mai 1942 studierte er wieder in München.

Inzwischen zählten zu Christoph Probsts Lektüre dezidiert christliche Autoren wie der dänische Philosoph und Theologe Søren Kierkegaard, der russische Religionsphilosoph Nikolai Berdjajew, der ebenfalls russische Schriftsteller Nikolai Leskow, der französische Autor und Vorkämpfer einer katholischen Erneuerung Paul Claudel sowie die bereits erwähnten Publizisten Carl Muth und Theodor Haecker. Zudem nahm er an den Lese- und Gesprächsabenden teil, die Hans Scholl im Juni und Juli 1942 organisierte. Besonders die Verbindung zwischen Hans Scholl, Alexander Schmorell und Christoph Probst wurde in dieser Zeit enger und vertrauensvoller: «Durch die starke Verschiedenheit der Charaktere (Alex Hans u. ich) hat unser Zusammensein immer einen gewissen Reiz. Es ist ja eine Zeit, in der jeder Widerhall im anderen suchen u. finden muss, dazu ist es nicht nötig, dass die gegenseitige Übereinstimmung eine vollständige ist.» (15.7.1942)

Zwar wurde allmählich die Möglichkeit einer deutschen Niederlage erörtert, doch wünschenswert war das für Christoph Probst noch keineswegs. Im September 1942 erklärte er, wenn «im Grossen alles ganz schief» gehe, was er nicht hoffe, «dann wäre aber für alle Deutschen die Lebensmöglichkeit zu ende u. das kann nicht sein» (14.9.1942). Aber eine militärische Niederlage und der Zusammenbruch der staatlichen Ordnung waren für ihn zu diesem Zeitpunkt nicht vorstellbar.

Seit August 1942 lebte Christoph Probst nicht mehr in München. Zunächst war er in Eibsee bei Garmisch-Partenkirchen in einem Lazarett stationiert, bevor er Ende November zum Wintersemester 1942/43 für das Studium nach Innsbruck befohlen wurde. Seine Familie lebte in Lermoos beziehungsweise in Ruhpolding. Die räumliche Entfernung erschwerte den Kontakt zu den Münchner Freunden. Es sind lediglich zwei Gesprächsabende – am 29. November und 2. Dezember – bekannt, an denen Christoph Probst mit ihnen zusammentraf. Willi Graf hielt in seinem Tagebuch fest: «Am Abend sind wir zusammen bei Scholls, auch Christl kommt dazu, der ja jetzt nach Innsbruck versetzt wird.» Und: «Bei Hans sitzen wir spät und lange zusammen, denn Christl wird jetzt wegfahren. Gespräche über den Aufbau, manche Gedanken sind mir neu.» (Graf, S. 83 f.) Wie intensiv Christoph Probst dabei in die Planung weiterer Widerstandsaktionen einbezogen wurde, muss offenbleiben. Er wusste sicher davon und befürwortete die Pläne, unterstützte sie aber wohl nicht aktiv. Dagegen sprechen seine Abneigung gegen den «Aktivismus» Schmorells und Hans Scholls, seine Stationierung fernab in Innsbruck, der Schutz seiner Familie (Herta Probst war erneut schwanger) und die Aussage Sophie Scholls zu ihrer Zellengenossin Else Gebel im Februar 1943, Probst sei in die Aktionen «nie mit einbezogen» worden.

Als Hans Scholl Ende November oder Anfang Dezember 1942 Christoph Probst aufforderte, den Text für ein Flugblatt zu schreiben, war dieser immer noch nicht so weit, sich gezielt für eine Beendigung des Kriegs einzusetzen. Fatalistisch hatte er im November geglaubt: «Wer den Krieg überleben soll der überlebt ihn unabhängig davon, wo er steht, entscheidend ist nur ob ihn das Geschick bewahren will oder nicht.» Er bewunderte die Ergebenheit einer siebzehnjährigen ukrainischen Zwangsarbeiterin, die sie auf dem «‹Sklavenmarkt› in Garmisch» als Haushaltshilfe vermittelt bekommen hatten: «Aber trotz allem, trotz völlig ungewissen Lebensaussichten trotz völligem Ausgeliefert-Sein, tragen diese Menschen ihr Schicksal bewundernswert und das müssen wir auch lernen.» (11.11. und 13.12.1942) Probst äußerte sich sehr mitfühlend, aber ein politisches Bewusstsein oder ethisch-moralische Bedenken, eine gewaltsam aus der Ukraine Verschleppte für sich arbeiten zu lassen, sind nicht zu erkennen. Wie «diese Menschen» wollte er die Zeit geduldig ertragen.

Zu Weihnachten 1942 schenkte Christoph Probst seiner Schwester ein ihm «ungeheuer lieb gewordenes Porzellantier, […] einen liegenden Büffel, aus dem freundlich-schwermütig erhobenem Schädel das stille Duldertum des Tieres spricht» (19.12.1942). Seine Schicksalsergebenheit wandelte sich zum

Weihnachtsfest 1942 deutlich in eine Gottergebenheit. Spirituell sensibilisiert war er bereits von Kindesbeinen an, besonders durch seinen Vater. Jetzt aber wandte er sich dem christlichen Glauben offen zu, wie sein Weihnachtsbrief an den Halbbruder Dieter Sasse zeigt. Darin unterschied er zwischen einem äußeren und einem inneren Weihnachtsfest. Die «materiellen Freuden» seien der «geringste Teil», ungleich belangvoller sei das «innere Erlebnis», nämlich «die jährlich immer wiederkehrende Erinnerung der christlichen Menschheit an die Geburt des Christuskindes, ihres wirklichen Erlösers». Das «Schönste und Stärkste» sei, die «innere Bedeutung dieser Tage zu erleben und zu feiern». Es solle «ein Freudenfest sein, an dem man voll Dankbarkeit der Güte des Schöpfers dankt, dass er uns Christus gesandt hat, durch den wir wissen dass unser Leiden unser Leben einen Sinn hat». Christus habe die Liebe gepredigt, «die wahre Verbrüderung der Menschen». Die Liebe sei «die Kraft der Welt, die alles Leben erzeugt, behütet und zur Seligkeit führt, die Kraft, die Welten geschaffen hat» (18.12.1942).

Diese passive Fügsamkeit überwand Christoph Probst, als Hitler nicht mehr siegte und die Wehrmacht im Februar 1942 in Stalingrad eine gravierende Niederlage erlitt. Nun erkannte er, dass innerer und äußerer Friede zusammengehören, und handelte. Am 21. Januar 1943 hatte Herta Probst in Tegernsee ihr drittes Kind, Katharina, «Katja» genannt, geboren. Christoph Probst war begeistert, «dass es da ist und wirklich ein Mädelchen ist!» (22.1.1943). Das Familienglück hätte vollkommen sein können, doch mit dem desaströsen Ende der 6. Armee an der Wolga zerstob jede Hoffnung auf ein friedliches, harmonisches Leben. Hitler, der diese Niederlage zu verantworten hatte, musste weg. Das lebensbedrohliche Kindbettfieber seiner Frau verstärkte sicherlich noch Probsts depressive Stimmung. Am 31. Januar gab er Hans Scholl seinen Entwurf für eine siebte Flugschrift. Bei seiner Verhaftung trug Scholl diesen Text bei sich. Er versuchte vergeblich, das Blatt zu vernichten.

4. Für die Freiheit: Herbst und Winter 1942/43

«Aufruf an alle Deutsche!» Das fünfte Flugblatt

Nachdem die Studentenkompanie am 6. November 1942 von ihrem Einsatz als Sanitätssoldaten in Russland nach München zurückgekehrt war, erhielten Alexander Schmorell und Hans Scholl ab dem 17. November einige Tage Sonderurlaub, den sie im Scholl'schen Elternhaus in Ulm verbrachten. Dort konzipierten sie ein fünftes Flugblatt und erweiterten den Widerstandskreis. Sie nahmen in Stuttgart Kontakt zu Eugen Grimminger auf, einem Geschäftsfreund Robert Scholls. Der Buchprüfer befürwortete ihr Vorhaben uneingeschränkt und unterstützte sie finanziell und logistisch erheblich. Nach dem Krieg berichtete er, dass er den Studenten weit mehr als die ihm im Gerichtsverfahren zur Last gelegten 500 Reichsmark gegeben habe. Außerdem habe er ihnen Tausende Briefumschläge zur Verfügung gestellt.

Die Freunde informierten auch den Ulmer Schüler Hans Hirzel, Bruder von Sophies Freundin Susanne. Im Januar 1943 versandte er mit seiner Schwester und dem Klassenkameraden Franz J. Müller Flugschriften, die ihnen Sophie Scholl gebracht hatte. Am 23. November 1942 fuhren Schmorell und Scholl zurück nach München. Vermutlich Anfang Dezember 1942 und erneut am 8. und 9. Februar 1943 fanden Treffen mit dem Drehbuchautor und Regisseur Falk Harnack in Chemnitz und München statt. Dieser hatte Kontakte zum Berliner Widerstandskreis «Rote Kapelle» um seinen Bruder Arvid und Harro Schulze-Boysen. Es ging vor allem darum, sich politisch abzustimmen, wobei es auch zu Kontroversen kam, da Kurt Huber vieles als «bolschewistisch» ablehnte. Im November hatten die Geschwister eine gemeinsame Wohnung in einem Schwabinger

Hinterhaus in der Franz-Joseph-Straße 13 b gefunden. Als Falk Harnack sie dort im Februar aufsuchte, war er «ausgesprochen entsetzt» über die «Leichtsinnigkeit» der Studenten. 1947 erinnerte er sich: «So befanden sich in der Wohnung in der Franz-Joseph-Straße nicht nur die Manuskripte der Flugblätter, der Abzugsapparat, die Adressenverzeichnisse, sondern gleichzeitig traf sich hier der Münchner Freundeskreis fast täglich.» Mit diesem Beweismaterial wäre die Gruppe sofort überführt worden. Nach Harnack waren bei seinem Besuch zugegen: «Prof. Huber, Alexander Schmorell, Hans Scholl, Willi Graf, die Freundin von Hans Scholl» (Harnack, S. 3). Ein von ihm für den 25. Februar 1943 vermitteltes Treffen in Berlin zwischen Hans Scholl und Harnacks Vettern Dietrich Bonhoeffer, dem widerständigen Theologen der Bekennenden Kirche, und Klaus Bonhoeffer kam nicht mehr zustande.

Das fünfte Flugblatt wurde kurz nach dem 13. Januar 1943, nach der 470-Jahr-Feier der Ludwig-Maximilians-Universität im Deutschen Museum, produziert. Es beginnt mit den Worten:

> Flugblätter der Widerstandsbewegung in Deutschland.
>
> *Aufruf an alle Deutsche!*
>
> Der Krieg geht seinem sicheren Ende entgegen. Wie im Jahre 1918 versucht die deutsche Regierung alle Aufmerksamkeit auf die wachsende U-Bootgefahr zu lenken, während im Osten die Armeen unaufhörlich zurückströmen, im Westen die Invasion erwartet wird. Die Rüstung Amerikas hat ihren Höhepunkt noch nicht erreicht, aber heute schon übertrifft sie alles in der Geschichte seither Dagewesene. Mit mathematischer Sicherheit führt Hitler das deutsche Volk in den Abgrund.
> *Hitler kann den Krieg nicht gewinnen, nur noch verlängern!* Seine und seiner Helfer Schuld hat jedes Mass unendlich überschritten. Die gerechte Strafe rückt näher und näher!

Im Wesentlichen hatte diese Flugschrift Hans Scholl – unterstützt durch einige Ratschläge Kurt Hubers – formuliert. Davon wurden ab dem 20. Januar, so Alexander Schmorell, «einige Tausend (ca. 2–3000)» Stück hergestellt, laut Hans Scholl «etwa 5000», während Sophie Scholl meinte, es seien «6000» gewesen.

Inhaltlich knüpfte Hans Scholl an die christlich-humanistische Argumentation der vier ersten Flugblätter an, erweiterte aber den Blick auf die politische Dimension des Kampfes. Er wandte sich nicht mehr nur an eine bildungsbürgerliche Elite, sondern an «alle Deutschen». Nach seiner Bestandsaufnahme, der Krieg könne nicht mehr gewonnen, sondern nur noch verlängert werden, wandte er sich an die Feigen und Unentschlossenen, die Gleichgültigen und Ängstlichen, die blind und taub immer noch Hitler folgten. Ihnen verhieß er ein «schreckliches, aber gerechtes» Strafgericht. In diese Drohung band Scholl auch den Holocaust mit ein. Er prophezeite den Adressaten, wenn sie nicht von der Verfolgung der Juden Abstand nähmen, müssten sie deren verhängnisvolles Los teilen. Sie wären dann bald weltweit die neuen geächteten Juden: «Deutsche! Wollt Ihr und Eure Kinder dasselbe Schicksal erleiden, das den Juden widerfahren ist? Wollt Ihr mit dem gleichen Masse gemessen werden, wie Eure Verführer? Sollen wir auf ewig das von aller Welt gehasste und ausgestossene Volk sein?» Dem entschiedenen «Nein!» schloss sich ein doppelter Appell an: «Darum trennt Euch von dem nationalsozialistischen Untermenschentum! Beweist durch die Tat, dass Ihr anders denkt!»

Die Argumentation des Flugblatts ist aus heutiger Sicht in zweierlei Hinsicht problematisch: Sie greift *erstens* auf das judenfeindliche Stereotyp von den ewig heimatlosen Juden, den vermeintlichen Christusmördern, zurück. Auch Theodor Haecker, der dreimal vor den Studenten sprach, vertrat dieses Klischeebild: Es seien «die Juden» gewesen, die Christus, ihren Messias, gekreuzigt hätten: «Die Juden sind schon das auserwählte Volk. Zwar lehnten sie als Volk ihren Messias ab und kreuzigten ihn sogar. Aber die, welche annahmen, nahmen ganz an.» (Haecker, Tag- und Nachtbücher, 6.4.1941, S. 187)

Zweitens sieht das Flugblatt die meisten Deutschen weniger als Täter, sondern trotz aller Schuld durch Passivität primär selbst als Opfer des NS-Regimes. Wahrscheinlich war das nicht nur ein rhetorisches Mittel, um die Adressaten zu überzeugen, sondern entsprach auch Hans Scholls Ansicht. Bis weit in die Nachkriegszeit hinein hielt sich die Meinung, die meisten Deutschen und zumal die Wehrmacht hätten sich nichts zuschulden kommen lassen, sondern seien verführt und missbraucht worden.

Politisch fordert das Flugblatt ein föderalistisches Deutschland in einem dezentral organisierten Europa, in dem jeder frei sagen und glauben kann, was er will. Der einzelne Bürger müsse vor Übergriffen des Staates geschützt werden und ein «vernünftiger Sozialismus» gerechte Beschäftigungsverhältnisse sichern. Der zentrale Auf- und Warnruf der fünften Flugschrift lautet: «Zerreisst den Mantel der Gleichgültigkeit, den Ihr um Euer Herz gelegt! Entscheidet Euch, *eh' es zu spät ist!*»

In die Vorbereitung und Durchführung der zweiten Phase des Widerstandskampfes der «Weißen Rose» ab Ende 1942 war nun auch Sophie Scholl voll eingebunden. Als sie im Dezember ihre Freundin Susanne Hirzel in Stuttgart traf, sagte sie – Hirzels späterer Erinnerung zufolge –, sie sei «entschlossen, etwas zu tun». Die gegenwärtige Katastrophe sei nur möglich, weil keiner sich vernehmbar zu Wort melde. Die einen arbeiteten brav zuhause an der «Heimatfront», die anderen kämpften brav auf den verschiedenen Kriegsschauplätzen. Doch wer jetzt nicht gegen den NS-Staat handle, mache sich schuldig: «Ich jedenfalls», so Sophie, «will nicht schuldig werden.» Hätte sie jetzt eine Pistole zur Hand und Hitler wäre da, würde sie ihn erschießen: «Wenn es Männer nicht machen, muss es eben eine Frau tun.» (Susanne Hirzel, S. 181) Sophie Scholl und ihre Mitstreiter waren keine Pazifisten und Vertreter unbedingter Gewaltlosigkeit. Der Saarbrücker Unterstützer Heinz Bollinger sagte etwa nach dem Krieg, er hätte Hitler «ohne Gewissensqualen» erschossen (Die Weiße Rose. Ausstellungsbegleitende Broschüre, S. 46).

An den Texten der Flugblätter beteiligte sich Sophie Scholl inhaltlich nur, indem sie sich mit ihrem Bruder austauschte und an den Gesprächsrunden teilnahm. Das heißt nicht, dass ihre Mitarbeit nebensächlich war. Im Gegenteil: Seit dem Herbst 1942, und damit für die Flugblätter 5 und 6, war sie unentbehrlich für die Gruppe. Bei diesen Schriften kümmerte sie sich um die Finanzen, sie organisierte Briefmarken, Umschläge, Papier und Druckutensilien, beschriftete Kuverts, sorgte für den Versand und vieles mehr. Das war eine umfangreiche Aufgabe, denn die letzten beiden Flugblätter hatten nach Aussage von Hans Scholl eine Gesamtauflage von rund 7000 Exemplaren, von denen etwa 4500 mit der Post verschickt wurden. Sophie Scholl verteilte zudem einzelne Blätter und brachte mehrere hundert zum Versand nach Ulm. Eine besonders riskante Aktion fand allerdings ohne sie statt: Am 3., 8. und 15. Februar 1943 schrieben Hans Scholl, Willi Graf und Alexander Schmorell in der Nacht mit Teerfarbe an die Mauern der Münchner Universität und an zahlreiche Hauswände: «Nieder mit Hitler!», «Freiheit» und «Hitler Massenmörder». Daneben malten sie ein durchgestrichenes Hakenkreuz.

Thomas Manns Rundfunkansprachen

Hans Scholl verfasste rund zwei Drittel aller Flugblatttexte, dabei inspirierte ihn Thomas Mann. Schon früh begleiteten ihn die Bücher des Schriftstellers. Er las begeistert die *Buddenbrooks* und den *Zauberberg*, kopierte einen Essay und hörte die Rundfunkansprachen des Literaturnobelpreisträgers aus Amerika.

Mann lebte seit 1933 zunächst im Schweizer Exil, sein Vermögen in Deutschland war beschlagnahmt, der Reisepass nicht verlängert worden, und in München lag ein Haftbefehl gegen ihn vor. Am 9. Dezember 1936 war sein Gesamtwerk vom Reichspropagandaministerium auf die Liste des «schädlichen und unerwünschten Schrifttums» gesetzt worden, im Februar 1938 emigrierte er mit seiner Familie in die Vereinigten Staaten von Amerika, wo er in New York am 21. Februar ankam.

Die inhaltliche Verbindung zwischen Hans Scholl und Thomas Mann zeigt ein maschinenschriftliches Exzerpt aus dessen Aufsatzband *Leiden und Größe der Meister*. Wahrscheinlich hat Scholl diesen Auszug im ersten Halbjahr 1942 angefertigt. Mann erklärt in seinem Essay, «was das Christentum für die Welt der Seele, der Dichtung, für das Humane selbst und seine kühne Erweiterung und Befreiung denn doch ewig bedeutet». Neben der «mediterranen Antike» sei das Christentum der «Grundpfeiler» der «abendländischen Gesittung». Thomas Mann streitet für das Festhalten an der christlich-abendländischen Tradition und, wo sie angegriffen werde, für ihre entschiedene Verteidigung. Scholl hat seine Abschrift dieses Textes aufbewahrt, weil auch er im Christentum das «Ewige» im Gegensatz zum «bloß Epochalen» sah.

Eine signifikante Vorlage für die Flugblätter waren Thomas Manns Rundfunkansprachen. Im amerikanischen Exil verfasste er zwischen Oktober 1940 und Mai 1945 *Fünfundfünfzig Radiosendungen nach Deutschland*, die er ab März 1941 selbst einsprach. Jeden der meist fünf- bis achtminütigen Beiträge übertrug die British Broadcasting Corporation (BBC) wiederholt von ihrem Hauptsitz London aus ins Deutsche Reich. Als Hans Scholl und Alexander Schmorell im Sommer 1942 darangingen, die Texte für ihre Flugschriften zu konzipieren, war Manns Einfluss ganz deutlich. Er zeigt sich an sechs Themen:

(1) Die metaphysische Dimension des Widerstands: Für Thomas Mann und Hans Scholl war der Kampf gegen den Nationalsozialismus eine metaphysische Auseinandersetzung, ein endzeitliches, geistiges Ringen auf Leben und Tod: «Woran ich unverbrüchlich glaube, das ist, daß Hitler seinen Krieg nicht gewinnen kann – es ist das weit mehr noch ein metaphysischer und moralischer als ein militärisch begründeter Glaube», erklärte Mann im Vorwort zu seinen Radiosendungen (Deutsche Hörer!, 15. September 1942, S. 7). Ähnlich schrieb Hans Scholl im vierten Flugblatt: «Wer aber heute noch an der realen Existenz der dämonischen Mächte zweifelt, hat den metaphysischen Hintergrund dieses Krieges bei weitem nicht begriffen.»

(2) Befreiung und Freiheit: Für Thomas Mann ging der Kampf um «das Lebensrecht des deutschen Volkes, seine *Freiheit*» (ebd., Dezember 1941, S. 48). Hans Scholl schrieb im ersten Flugblatt: «Wenn das deutsche Volk [...] den freien Willen preisgibt, die Freiheit des Menschen preisgibt, dann verdienen sie den Untergang.»

(3) Schuld und Sühne: Thomas Mann postulierte: «Je länger der Krieg dauert, desto verzweifelter verstrickt dieses Volk sich in Schuld.» Der Tag der «Liquidation, der Abrechnung, der

Sühne» komme (ebd., Januar 1942, S. 51). Das zweite Flugblatt betonte, niemand könne sich freisprechen: «Ein jeder ist *schuldig, schuldig, schuldig!*»

(4) Leiden und Reinigung: Bei Thomas Mann hieß es hierzu: «Nicht *siegen* müsst ihr, denn das könnt ihr nicht. Ihr müßt euch *reinigen*. Die Sühne, um deren Vermeidung ihr kämpft, muß euer eigenstes Werk sein, das Werk des deutschen Volkes» (ebd.). Das zweite Flugblatt formulierte ähnlich: «Aber wenn diese Katastrophe uns zum Heile dienen soll, so doch nur dadurch: Durch das Leid gereinigt zu werden.»

(5) Bibel und Apokalypse: Thomas Mann stritt mit einer Vielzahl biblischer Metaphern gegen «diese apokalyptischen Lausbuben» (ebd., 24. Januar 1943, S. 90). «Die Hölle, Deutsche, kam über euch, als diese Führer über euch kamen. Zur Hölle mit ihnen und all ihren Spießgesellen!» (ebd., November 1941, S. 46) Das vierte Flugblatt gebraucht dieselbe Sprache: «Jedes Wort, das aus Hitlers Mund kommt, ist Lüge. Wenn er Frieden sagt, meint er Krieg, und wenn er in frevelhaftester Weise den Namen des Allmächtigen nennt, meint er die Macht des Bösen, den gefallenen Engel, den Satan.»

(6) Juden und Pogrome: Thomas Mann, Hans Scholl und Alexander Schmorell prangerten die Judenmorde an, sie waren aber nicht frei von antisemitischen Denkmustern. Thomas Mann berichtete über Massendeportationen von Juden aus Frankreich «nach dem Osten» und von Vergasungen (ebd., 27. September 1942, S. 75–77). Gleichwohl hielt er die Unterscheidung zwischen Wirts- und Gastvolk, eine Separierung der Juden von der Mehrheitsgesellschaft und die Minderung ihres gesellschaftlichen Einflusses für bedenkenswert. Auch die Flugblätter 2 und 5 konfrontierten ihre Leser mit den Massenmorden. Die dortigen Ausführungen zur «Judenfrage» enthalten ebenfalls antijüdische Vorbehalte.

Obwohl Hans Scholl von zahlreichen Dichtern, Schriftstellern und religiösen Denkern geprägt war, fand er seine wesentliche geistige Ausrichtung und die Motivation zur Abfassung der Flugblätter bei Thomas Mann. Seit seiner Kindheit war er durch sein evangelisches Elternhaus mit dem christlichen Glauben vertraut, doch die Würdigung des Christentums als Grundlage des Humanen, die verteidigt werden muss, durch den von ihm geschätzten Schriftsteller, der auf Konfrontationskurs zum NS-Regime und schon früh ins Exil gegangen war, bedeutete für ihn Bestätigung und Stärkung seiner Widerstandshaltung. Thomas Manns kämpferische Rundfunkansprachen zur aktuellen Lage und sein Essay über die kulturelle Größe des Christentums waren Grundlagen der Flugschriften. Der Einfluss Thomas Manns ist auch im sechsten Flugblatt offensichtlich.

Am 2. Februar 1943 kapitulierte die 6. Armee vor Stalingrad; tags darauf gestand die Heeresleitung im Großdeutschen Rundfunk die Niederlage ein. Man sei einer «Übermacht» und «ungünstigen Verhältnissen» erlegen. Danach stilisierte die NS-Propaganda die Katastrophe zu einem «Opfergang der 6. Armee». Nach dieser militärischen Katastrophe waren die Widerständler davon überzeugt, dass die Unfähigkeit des Regimes jedem denkenden Menschen klar sein musste. Jetzt schien der Moment gekommen, die Verweigerungsbereitschaft gebildeter Menschen zu mobilisieren. Kurt Huber lieferte den Text, der den Aufstand anzetteln sollte.

Kurt Huber: Nationalist und Freiheitskämpfer

Als Hans Scholl sich mit den übrigen Kameraden während der Frontfamulatur in Warschau aufhielt, sandte er eine Postkarte an Professor Kurt Huber. Verschlüsselt teilte er ihm mit, das Ghetto habe auf ihn und seine Kameraden «einen sehr entschiedenen Eindruck gemacht», und äußerte sich verärgert, fernab von München «zur Inaktivität in wesentlichen Dingen» verdammt zu sein (mit Schmorell, Graf und Hubert Furtwängler, 17.8.1942). Diese Mitteilungen zeigen, dass zwischen Hans Scholl und Kurt Huber während des Sommers 1942 durch die Gesprächsabende und Vorlesungen eine gewisse Annäherung stattgefunden hatte und sie grundsätzlich darin übereinstimmten, dass «etwas geschehen muss», wie es Huber formulierte. Das war, wenn man den Lebenslauf des Hochschullehrers und seine politischen Überzeugungen betrachtet, nicht unbedingt zu erwarten.

Kurt Ivo Theodor Huber wurde am 24. Oktober 1893 im schweizerischen Chur in eine künstlerisch-musische Familie geboren; er hatte drei Geschwister. Der Vater, ein Handelsschullehrer, und die Mutter unterwiesen ihn früh literarisch und musikalisch. Als er drei Jahre alt war, zog die Familie nach Stuttgart. In einem Lebenslauf erläuterte er, er habe als Kleinkind die «engl. Kinderkrankheit» gehabt, das heißt eine Rachitis, «und mit 4 Jahren eine schwere Dyphterie, von welchen beiden Krankheiten [ihm] eine leichte Lähmung des linken Fußes und der rechten Hand, sowie der Gesichtsmuskulatur verblieb». Als Schüler konnte er nicht am Sportunterricht teilnehmen. 1939 attestierte ihm ein amtsärztliches Gutachten einen leicht vorfallenden Gang, grobschlächtige Arm- und Beinzuckungen, parkinsonhafte Züge und eine grimassierende Sprechweise.

1911 erlangte Huber mit hervorragenden Zensuren die Hochschulreife am humanistischen Eberhard-Ludwig-Gymnasium. In diesem Jahr starb sein Vater. Die Familie zog nach München, wo Huber ein Studium der Musikwissenschaft, Philosophie und Psychologie an der Ludwig-Maximilians-Universität begann. 1917 wurde er mit einer Arbeit über den Renaissance-Musiker Ivo de Vento «summa cum laude» im Fach Musikwissenschaft promoviert. Bis zu seiner Habilitation 1920 arbeitete er als Hilfsassistent, danach wurde er Privatdozent für Philosophie, Psychologie und Volksliedkunde. 1926 erfolgte die Ernennung zum außerordentlichen Professor. Damit erreichte Kurt Huber den Höhepunkt seiner akademischen Laufbahn. Seine jahrelangen, vielfachen Bemühungen, zum ordentlichen Professor berufen zu werden, scheiterten allerdings. Dabei wirkte sich auch seine körperliche Beeinträchtigung negativ aus.

Mit seiner Frau Clara, die er 1929 heiratete, hatte Huber zwei Kinder. Nach seiner Festnahme im Februar 1943 erwähnte er im Verhör ein weiteres uneheliches Kind. Clara Huber sah in ihrem Mann ein verkanntes, leidendes Genie: «Unermüdliche Arbeit, unberechenbarer Aufstieg, oft jahrzehntelang durch Missverständnis, Neid oder unglückliche Zufälle ohne sichtba-

Kurt Huber vor der Ludwig-Maximilians-Universität München, 1917

ren Erfolg, kärgliche Besoldung, die nur durch immer neue, anstrengende Nebenarbeiten auf ein lebensmögliches Maß gehoben werden kann. Dies war das Schicksal der folgenden Jahre.» (Clara Huber, S. 14) Ihre Ehe beschrieb sie als glücklich und harmonisch.

Politisch war Huber Nationalist, Monarchist, Militarist, Katholik, Antisemit, Antidemokrat, Antibolschewist – und zuletzt widerständiger Freiheitskämpfer. Als Staatsform befürwortete er einen dezentral aufgebauten Ständestaat, der zugleich das «altgermanische Führerprinzip» verwirkliche. Eine solche Gesellschaftsform sei auch die ursprüngliche Intention des nationalsozialistischen Parteiprogramms gewesen, führte er 1943 zu seiner Verteidigung an. Mehrere Jahre war er Mitglied der katholisch-konservativen Bayerischen Volkspartei. Trotz seiner Behinderung meldete er sich im Ersten Weltkrieg vergeblich dreimal als Freiwilliger. Da der «Wehruntüchtige» nicht zur Waffe greifen durfte, konzipierte und verkaufte er über einen

Verlag erfolgreich «Das neue Kriegsspiel ‹General Jedermann›», mit dem das militärische Geschehen nachgestellt werden konnte. Zu Kriegsbeginn 1914 reimte er in einem patriotischen Gedicht (zit. n. Zankel, Mit Flugblättern, S. 146):

Eilen zur Fahne gen West, Nord, gen Ost;
Deutschland, lieb Deutschland, sei nur getrost!
[...]
Über den Sternen halt' Gott deine Wacht,
Deutschland, lieb Deutschland! Im Sturme der Schlacht!
Draussen im Felde, am heimischen Herd
Schütz' er dein Volk und segne dein Schwert.

Die negativen Folgen eines Krieges sah Huber hauptsächlich in der genetischen Auslese, denn es komme an der Front womöglich zum Verlust von «vollwertigen, insbesondere an gesunden, tapferen, pflichtbewussten, opferbereiten Männern», während in der Heimat «Kranke, Krüppel, Feiglinge, Verbrecher verschont bleiben und in Bezug auf die Fortpflanzung relativ begünstigt sind». Der Krieg hemme die «Nachkommensproduktion der vollwertigen Männer gegenüber den minderwertigen» (ebd. S. 148). Diese Klassifizierung glich der nationalsozialistischen Unterscheidung zwischen lebenswertem und unwertem Leben und lag auf einer Linie mit sozialdarwinistischen Ansichten, wie sie auch in anderen Ländern verbreitet waren. Die Zurückweisung als Soldat, die ihn im Ersten Weltkrieg zu einem der «Minderwertigen» gemacht hatte, saß so tief, dass er 1938 erneut «die ergebene Bitte» an die Militärbehörden richtete, bei einer Mobilmachung «dienstlich verwendet» zu werden.

Kurt Huber sammelte und erforschte mit Leidenschaft Volkslieder. In der «Pflege des Volksliedes», schrieb er, offenbare sich «Herz und Gesinnung unserer Wandergruppen, unseres jungen Volkstums [...]. Zum Volkslied Stellung nehmen, heißt zu unserer völkischen Eigenart Stellung nehmen.» Der Forscher verband die «völkische Eigenart» mit rassistischen und antisemitischen Überzeugungen. Anfang der 1920er Jahre konstatierte er in seinem Tagebuch: «Bäuerliches Kulturfundament u. Rassenstolz bedingen meinen eigenen ‹Standpunkt› wesentlich, ein gewisser religiöser Konservativismus tritt ergänzend hinzu. Ich möchte den Juden sehen, der unter Vaterland dasselbe versteht wie ich. Unmöglich.» (ebd., S. 152 f.)

Für Huber konnte ein Jude kein wahrer Patriot sein. Nach seiner Meinung entschied nicht das Selbstverständnis eines Menschen als Jude, Christ oder etwas anderes, sondern das Blut. Deutlich wird das in einem Streit mit dem Philosophen Richard Hönigswald, der an der Münchner Universität ordentlicher Professor war. Aus einer jüdischen Familie stammend, hatte Hönigswald sich 1904 mit neunundzwanzig Jahren evangelisch taufen lassen. In einem Briefentwurf polemisierte Huber Anfang der 1930er Jahre gegen ihn sowie seine «sehr betont protestantische Haltung» und gebrauchte dafür das Argument, Hönigswald sei doch «von Geburt Jude». Das war derselbe Rassenantisemitismus, mit dem die Nationalsozialisten den Gelehrten drei Jahre später zwangsweise emeritierten. Als dadurch dessen Lehrveranstaltungen wegfielen, profitierte Huber durch einen zusätzlichen zweistündigen Lehrauftrag; für die Nachfolge Hönigswalds wurde er allerdings nicht in Betracht gezogen.

Hubers jahrzehntelange Volksliedforschung prädestinierte ihn für eine Universitätskarriere. Doch dazu war seine Abneigung gegenüber den Nationalsozialisten zu groß: «Ich weiss», schrieb er 1935 an seinen besten Freund, den bekannten nationalsozialistischen Historiker Karl Alexander von Müller, «dass es ein praktischer Fehler von mir ist, dass ich mir eine vernünftige Stellung zum neuen Staat sozusagen Zug um Zug abringen muss» (ebd., S. 155). Zwar stimmte er politisch weitgehend mit der NS-Ideologie überein, nicht aber mit den Personen, die den neuen Staat verkörperten; sie waren ihm zu vulgär, unwissenschaftlich und antikatholisch. Diese Einstellung überschattete von Anfang an seinen Wechsel nach Berlin an das dortige Staatliche Institut für Deutsche Musikforschung (ebd., S. 173 ff.). Die Einrichtung wurde 1935 gegründet, um der neuen Staatsordnung wissenschaftlich und praktisch zuzuarbeiten und dem Regime Legitimität zu verschaffen: «Von den Angehörigen des Instituts wird erwartet, dass [...] sie sich ihrer Aufgabe im nationalsozialistischen Staat bewusst sind», heißt es in der vorläufigen Geschäftsordnung. Kurt Huber war bereit, seine Volksliedarbeit in den Dienst des NS-Regimes zu stellen. Als er im Oktober 1937 zum Mitglied der «Deutschen Volkskunstkommission» in Berlin berufen wurde, bekräftigte er gegenüber Reichswissenschaftsminister Bernhard Rust: «Es wird mir eine selbstverständliche Pflicht sein, in dieser ehrenamtlichen Stellung nach besten Kräften beratend am Aufbau einer wahrhaft deutschen Volkskunstforschung und Volkskunstpflege im Sinne unseres Führers mitzuarbeiten. Heil Hitler!» Bei seiner Wohnungssuche in Berlin schloss er mehrere Angebote aus, da sie von «nichtarischen» Eigentümern stammten.

Von April 1937 bis August 1938 versuchte er vergeblich, am Staatlichen Institut für Deutsche Musikforschung als kommissarischer Abteilungsleiter für Volksmusik Anerkennung zu finden. Einen erbitterten persönlichen Gegner hatte er in dem Musikwissenschaftler Herbert Gerigk. Dieser war Leiter der Hauptstelle Musik beim «Beauftragten des Führers für die Überwachung der gesamten geistigen und weltanschaulichen Schulung und Erziehung der NSDAP» (Amt Rosenberg). Gerigk widersetzte sich in mehreren Schreiben einer offiziellen Berufung oder Verbeamtung Hubers. So schrieb er am 19. November 1937: «Hubers Bindungen zum Katholizismus und sogar eine ausgesprochen parteifeindliche Haltung sind eindeutig erwiesen.» Belege für diese Behauptung legte er nicht vor.

Aufgerieben zwischen der eigenen überzogenen Forderung, er müsse einen Lehrauftrag an der Universität Berlin erhalten, sachfernem Kompetenzgerangel und politischen Verdächtigungen, kehrte Huber im August 1938 gescheitert und konsterniert nach München zurück; er konnte froh sein, wieder an der dortigen Universität unterrichten zu können. Der berufliche Ausflug nach Preußen hatte seinem wissenschaftlichen Renommee und seiner Gesundheit geschadet und die finanziellen Sorgen der Familie verschärft. Zeitweise drohte der Familie Huber die Zwangspfändung. Vor allem aber lastete auf ihm der Vorwurf, kein zuverlässiger nationalsozialistischer Volksgenosse zu sein, sondern dem politischen Katholizismus nahezustehen. Diese

Anschuldigung verfolgte ihn bis nach München. Denn im Oktober 1938 veröffentlichte Herbert Gerigk einen Artikel in der Monatszeitschrift *Die Musik*. Dort behauptete er, Huber habe «infolge weltanschaulicher Unzulänglichkeit eine amtliche Position verwirkt». Er sei aus dem Staatlichen Institut für Deutsche Musikforschung entfernt worden, weil er eine unzureichende nationalsozialistische Gesinnung habe. Huber empfand dies als kränkende Ehrverletzung – er sei freiwillig gegangen – und stellte einen Strafantrag wegen Beleidigung. Doch das Verfahren wurde im Oktober 1939 eingestellt.

In einem offensiven Schritt zum Nachweis seiner Regimetreue richtete Kurt Huber bereits Anfang 1938 einen Aufnahmeantrag an die NSDAP. In einer Universitätsbewerbung schrieb er: «Vorläufig darf ich jedoch schon kurz anführen, dass ich wie meine Frau rein arisch und katholischer Konfession bin [...]. Kurz darf ich noch bemerken, dass ich meinen Antrag auf Aufnahme in die Nationalsozialistische Deutsche Arbeiterpartei eingeleitet habe. [...] Heil Hitler!» (Briefentwurf, 19.1.1938, Stadtarchiv München, K 4: NL Huber, Nr. 164) Warum dieses Ersuchen nicht abgeschlossen wurde, ist nicht bekannt, denn aktenkundig ist seine Mitgliedschaft erst ab April 1940.

Die Nachwelt tat sich schwer mit der Zugehörigkeit eines ermordeten Widerstandskämpfers zur Hitlerpartei. 1968 erklärte Clara Huber, sie habe im April 1940 ihren Mann «ohne sein Wissen als Parteimitglied einschreiben lassen» (Petry, S. 47). Eine Anmeldung zur NSDAP durch Dritte war allerdings so gut wie ausgeschlossen, außer man fälschte die Unterschrift, denn jeder Aufnahmeantrag musste persönlich ausgefüllt und eigenhändig unterschrieben werden. Der Unterzeichner versicherte: «Ich verspreche als treuer Gefolgsmann des Führers, die Partei mit allen meinen Kräften zu fördern.» Der Nachlass Huber im Stadtarchiv München dokumentiert, dass der Ortsgruppengeschäftsstelle Gräfelfing ein «Aufnahmegesuch» Hubers vorlag, zu dem die Parteistelle ihn am 19. März und 19. April 1940 um «Rücksprache» bat. Nachdem Huber die anberaumten Termine aus gesundheitlichen bzw. dienstlichen Gründen nicht wahrnehmen konnte, machte er am 28. April einen Vorschlag: «Ich erlaube mir daher die höfliche Anfrage, ob ich am kommenden Dienstag, 30. April abends 21–22 Uhr das Versäumte nachholen kann. Heil Hitler!» (Stadtarchiv München, K 4: NL Huber, Nr. 19) Höchstwahrscheinlich hat Huber dann das zuvor eingereichte Aufnahmeersuchen – das seiner Frau oder jenes von 1938 – vorschriftsmäßig eigenhändig bestätigt, so dass er offiziell zum 1. April 1940 NSDAP-Mitglied wurde.

Sicher war Hubers Mitgliedschaft taktisch und opportunistisch motiviert: Er wollte den Makel politischer Unzuverlässigkeit abstreifen und seine geringen Chancen auf eine ordentliche Professur wahren. Man musste zwar nicht zur NSDAP gehören, um vom System zu profitieren, aber vieles wurde durch die Mitgliedschaft einfacher. Im Wintersemester 1935/36 hatte Huber erleben müssen, dass man seine Bewerbung auf einen Münchner Lehrstuhl mit dem Hinweis auf seine körperliche Konstitution ablehnte; stattdessen setzte Hitler im Mai 1937 persönlich Hans Alfred Grunsky ein. Der antikatholische Philosoph litt an den Folgen einer spinalen Kinderlähmung und saß im Rollstuhl, war aber fanatischer Nationalsozialist. Immerhin wurde Kurt Huber durch den nationalsozialistischen Dekan der Philosophischen Fakultät und späteren Rektor der Ludwig-Maximilians-Universität München Walther Wüst bescheinigt, «dass seine Stellung zum heutigen Staat nicht ganz eindeutig war, doch ist die nationale Gesinnung nie in Zweifel gezogen worden» (Zankel, Mit Flugblättern, S. 176).

Doch es war nicht nur das Scheitern der eigenen Karriereziele, das Huber aufgeschlossen für die Anliegen der «Weißen Rose» machte. Einer seiner Studenten, dessen Name nicht überliefert ist, erinnerte sich später an ein nächtliches Gespräch mit dem Hochschullehrer. Kurz vor seiner Rückfahrt von einem Fronturlaub besuchte er Huber und erzählte ihm von Sterilisationsversuchen an polnischen Juden und Studentinnen. Als er ihm berichtete, dass auf der Krim Juden erschossen wurden, habe Huber – es war bereits drei Uhr nachts – vor Entsetzen so laut aufgeschrien, dass seine Frau aus dem Schlafzimmer kam und bat, wegen der Nachbarn leise zu sein. Er beneide ihn, so soll Huber gesagt haben, weil er an die Front zurückkehren, ins

Feuer laufen und sterben könne. Ob das nicht Selbstmord sei, wollte der junge Soldat wissen. «Nein», wurde ihm entgegnet, «wenn die Spannungen unerträglich sind, ist das der einzige Weg. Denn dieser Tod hat noch Sinn.» Als der Student einwandte, Suizid sei nie gut, erhielt er zur Antwort: «Es gibt Situationen, in denen das Legale, auch das moralisch Legale, transzendiert wird.» (IfZ 12.13, Bd. 228, o. O., undatiert) Diese Schilderung von Staats- und Kriegsverbrechen und die katastrophale Niederlage der Deutschen bei Stalingrad, bei der Hunderttausende starben, wird dazu beigetragen haben, Hubers Gegnerschaft zum Nationalsozialismus zu steigern.

Der Philosoph Kurt Huber identifizierte sich selbstbewusst mit dem deutschen Philosophen, Mathematiker und Historiker Gottfried Wilhelm Leibniz: «Wenn es so etwas wie eine Reinkarnation gibt, dann war ich Leibniz», soll er gesagt haben. Seine Vorlesung «Leibniz und seine Zeit» im Sommerhalbjahr 1942 wurde von vielen Studenten besucht, darunter auch Sophie und Hans Scholl. Eine ehemalige Doktorandin Hubers erinnerte sich 1968: «Die Hörsäle waren fast überfüllt bei ihm, obschon natürlich kein politisches Wort fallen durfte.» Der spätere CSU-Vorsitzende und bayerische Ministerpräsident Franz Josef Strauß bemerkte 1989 in seinen *Erinnerungen*, er habe bei Huber Philosophie gehört, sich aber gelangweilt und den Eindruck gewonnen: «‹Schon wieder ein Nazi.›»

Von Hubers zunehmend kritischer Haltung gegenüber dem nationalsozialistischen Staat war bis 1942 bei der in Berlin ansässigen Reichspropagandaleitung der NSDAP nichts bekannt. Vertrauensvoll wandte sich der Leiter des Amtes Musik beim Hauptkulturamt am 30. Mai 1942 an den «Sehr verehrten Herrn Professor Huber!» und bat ihn um Mitarbeit. Auf Empfehlung des (parteinahen) Staatskapellmeisters Werner Egk möge er «bei der Neugestaltung der Rundfunksendungen» mitwirken. Propagiert werde jetzt, «im Gegensatz zu der ‹sogenannten› Volksmusik, die echt ‹bodenständige› Volksmusik». Dazu solle Huber mit seinem Wissen «als Fachkenner dieses Gebietes» beitragen, indem er die «Anschriften dieser Kapellen» nenne (Stadtarchiv München, a. a. O.).

Obwohl Hubers Vorlesungen nicht offen regimekritisch sein konnten, waren sie für das Zusammenfinden und den Austausch der Widerständigen wichtig. Hans Scholl und Kurt Huber begegneten sich persönlich erstmals während eines Gesprächsabends am 3. Juni 1942. In diesem privaten Kreis wurde Hubers Entfremdung vom Regime deutlich. In einer erregten und heftigen Diskussion, wie man «der Zerstörung der inneren Werte» begegnen könne, soll er mit «ungewöhnlich exaltiert klingender Stimme» gesagt haben: «Man muß etwas tun, und zwar heute noch.» (Petry, S. 42) Hans Scholls jugendliche Radikalität und Risikobereitschaft und sein Kampfgeist trafen auf Kurt Hubers Intelligenz, angesammelte Frustration und Wut. Seine Überzeugung «Man muss etwas tun, und zwar heute noch» verband Huber mit der «Weißen Rose». Aber seine konservativen, nationalistischen politischen Ansichten unterschieden sich von den Vorstellungen der Studenten. Anfang Februar 1943, nach der deutschen Niederlage bei Stalingrad, verfasste Kurt Huber die sechste Flugschrift, Hans Scholl und Alexander Schmorell bearbeiteten sie.

«Freiheit und Ehre!»
Das sechste Flugblatt

Die letzte Kampfschrift der «Weißen Rose» erinnert zunächst an die frühere Geistesgröße Deutschlands und vergleicht sie dann mit dem politischen, militärischen und sittlichen Niedergang der Gegenwart. Der Ton ist teilweise sarkastisch. Huber spricht von der «genialen Strategie des Weltkriegsgefreiten» und ruft aus: «Führer, wir danken dir!» Angesprochen werden die künftigen bildungs- und wirtschaftsbürgerlichen Eliten: «Kommilitoninnen! Kommilitonen!» – «Studentinnen! Studenten!» Das Flugblatt fordert «persönliche Freiheit», das Recht auf «freie Meinungsäußerung» sowie «Geistesfreiheit» und vertritt damit die Hauptanliegen der Widerstandsgruppe. Mit der Verknüpfung von «Ehre» – Zentralbegriff nationalsozialistischer Volksgemeinschaft – und «Freiheit» wird aber auch ein neuer Akzent gesetzt: «Zehn Jahre lang haben Hitler und seine

Genossen die beiden herrlichen deutschen Worte bis zum Ekel ausgequetscht, abgedroschen, verdreht» und damit die «höchsten Werte einer Nation vor die Säue» geworfen – eine Anspielung auf das Jesuswort aus Matthäus 7,6. «Wahre Wissenschaft», «echte Geistesfreiheit», «sittliche Verantwortung» und ein «bewusstes Staatswesen» seien «gottlosen, schamlosen und gewissenlosen Ausbeutern und Mordbuben» und «blinder, stupider Führergefolgschaft» gewichen.

Mit dem fünfmaligen Ausruf «Freiheit und Ehre», der auch das Schlusswort bildet, sollten die Leser – besonders die Studenten – aus ihrer teilnahmslosen Trägheit gerissen werden. Wenn schon nicht das politische, religiöse oder ethische Bewusstsein bei den Deutschen für einen Sturz des Regimes ausreichte, könnten vielleicht die Scham über die Verbrechen und der weltweite Ehrverlust durch Mittäterschaft oder Duldung den Sturz der «verabscheuungswürdigsten Tyrannis» einleiten. Der Hochschullehrer Huber mahnte und drohte: «Der deutsche Name bleibt für immer geschändet, wenn nicht die deutsche Jugend endlich aufsteht, rächt und sühnt zugleich, seine Peiniger zerschmettert und ein neues geistiges Europa aufrichtet.»

Huber kommentierte im sechsten Flugzettel auch die Aufforderung des geschäftsführenden Münchner NSDAP-Gauleiters Paul Giesler an die Studentinnen im Deutschen Museum anlässlich der 470-Jahr-Feier der Ludwig-Maximilians-Universität am 13. Januar 1943, sie sollten, anstatt zu studieren, dem «Führer» Kinder schenken. Daraufhin war es zu lautstarken Protesten gekommen, so dass die Veranstaltung unterbrochen werden musste. Erst nach dem Einsatz von Sicherheitskräften konnte der Festakt zu Ende geführt werden. Dazu Huber: «Gauleiter greifen mit geilen Spässen den Studentinnen an die Ehre.» (Umlauf, S. 543 ff.; Zankel, Mit Flugblättern, S. 357–366). Fälschlicherweise deuteten die Mitglieder der «Weißen Rose» den Tumult als Revolutionsbereitschaft der Studenten.

Scholl und Schmorell hatten zwei für Huber «wesentliche» und «entscheidende» Passagen aus dessen Entwurf gestrichen. Darin hatte er die «grossartigen Leistungen der deutschen Wehrmacht» gerühmt, «die volle Solidarität der deutschen Studenten mit der Wehrmacht» erklärt und sie aufgefordert: «Stellt Euch weiterhin geschlossen in die Reihen unserer herrlichen Wehrmacht.» (Vernehmung Huber, 27.2. und 1.3.1943)

Thomas Mann hatte wie Kurt Huber den Begriff der «Ehre» gegen die Nationalsozialisten verwendet. Er gebrauchte ihn aber nicht in Verbindung mit «Freiheit», sondern mit «Würde» und «Gleichberechtigung». In der Mai-Sendung der BBC 1942 führte er aus, es sei «unverzeihlich», dass sich die deutschen «Gebildeten […] 1933» einem «kläglichen Orgiasmus» überlassen hätten. «Zu glauben, daß dies Gesindel berufen sei, die nationale Würde und Ehre wiederherzustellen» – seinen Gedanken beendete er nicht, sondern ließ den Satz als Ausdruck der Empörung offen (Mann, Deutsche Hörer!, Mai 1942, S. 64).

Das sechste Flugblatt wurde ab dem 12. Februar 1943 hergestellt. Nach Alexander Schmorell und Sophie Scholl druckten sie davon rund 3000 Exemplare, laut Hans Scholl 2000. Wahrscheinlich griffen die Studenten dabei auch zu einem leicht zugänglichen leistungssteigernden Amphetamin wie Pervitin (Hockerts, S. 471). Die Schriften wurden mit der Post nach Salzburg, Linz, Wien, Augsburg, Stuttgart und Frankfurt am Main verschickt. Um die Polizei in die Irre zu führen, gab Alexander Schmorell die Briefsendungen nach Frankfurt in Wien auf. Die Adressen hatte man einem Studentenverzeichnis entnommen.

Produziert wurden die letzten beiden Flugblätter 5 und 6 in der Hinterhauswohnung der Geschwister Scholl in der Franz-Joseph-Straße 13 b. Man nutzte aber auch das nahe gelegene Atelier des Architekten Manfred Eickemeyer in der Leopoldstraße 38 a. Da Eickemeyer häufig im besetzten «Generalgouvernement» arbeitete, hatte er es dem Künstler und Freund der Familie Scholl Wilhelm Geyer zur Anfertigung eines Kirchenfensters überlassen. Beide waren signifikante Bezugspersonen der Geschwister Scholl: Eickemeyer stellte sein Atelier an vier Abenden für Zusammenkünfte zur Verfügung und berichtete von seinen erschreckenden Erfahrungen im «Generalgouvernement», Geyer war mit seiner christlichen Kreativität ein spiritueller Ratgeber. Der Künstler gab Hans Scholl Anfang Februar den Schlüssel zu Atelier und Nebenräumen. Mit Schmorell deponierte Scholl im Keller die Schreibmaschine, auf der die Flugblätter geschrieben wurden, den Vervielfältigungsapparat, die Schablonen für die Wandanschriften und weitere Utensilien.

Traute Lafrenz: Flugblätter nach Hamburg

Im Sommer 1941 lernte Hans Scholl nicht nur Alexander Schmorell kennen, sondern Anfang Juni auch die zweiundzwanzigjährige Medizinstudentin Traute Lafrenz aus Hamburg. Sie wurden für einige Monate ein Paar. Lafrenz beschrieb ihr Verhältnis so: «Wir lernten uns kennen, dann lernten wir uns noch besser kennen – und noch besser.» (Waage, S. 43) Dass damit auch ein sexuelles Verhältnis gemeint war, verneinte sie: «Ein intimes Verhältnis hatte ich weder mit Scholl, noch mit Schmorell». Schon bald tauchten Probleme auf: Lafrenz warf Scholl wiederholt Egoismus, Unzuverlässigkeit und mangelnde Offenheit vor und beendete im November 1941 die Beziehung. Hans Scholl erklärte 1943 vor der Gestapo: «Lafrenz ist mir völlig gleichgültig.»

Verantwortlich für das rasche Ende war neben Scholls Verhalten auch eine weltanschauliche Differenz. Traute Lafrenz hatte in Hamburg die reformpädagogische Lichtwarkschule besucht. Ihre außergewöhnlich engagierte und kompetente Klassenlehrerin Erna Stahl war von der Waldorfpädagogik inspiriert. Bei ihr lernte Traute Lafrenz das Bibelwort aus Prediger 4,1 f. kennen, das sie auswendig konnte und das Hans Scholl im vierten Flugblatt zitierte, um zum Kampf gegen Hitler aufzurufen:

> Ich wandte mich und sah an alles Unrecht, das geschah unter der Sonne; und siehe, da waren Tränen derer, so Unrecht litten und hatten keinen Tröster; und die ihnen Unrecht taten, waren so mächtig, dass sie keinen Tröster haben konnten.
> Da lobte ich die Toten, die schon gestorben waren, mehr denn die Lebendigen, die noch das Leben hatten …

Traute Lafrenz wurde durch ihre Lehrerin eine überzeugte Anthroposophin und blieb der Ideenwelt Rudolf Steiners zeit ihres

Lebens treu. Nach dem Krieg baute sie in Chicago eine Schule für geistig behinderte Kinder auf, mit denen sie nach Steiners pädagogischen Grundsätzen arbeitete. Sie habe versucht, berichtete sie später, «Hans dafür zu interessieren, aber das funktionierte überhaupt nicht! [...] Hans stand Steiner völlig fremd gegenüber» (ebd., S. 29, 58). Für den pietistisch geprägten Scholl war Steiners spirituelle Weltanschauung abwegig. Damit blieb ihm Trautes Gedankenwelt ebenso fremd wie ihr Hans' Frömmigkeit. Traute Lafrenz hielt auch nach der Trennung von ihm Kontakt zu den Scholls. Im Juli 1942 wusste sie, wer die Verfasser der ersten vier Flugblätter waren, ab dem Herbst beteiligte sie sich an der Widerstandsarbeit, indem sie an den Diskussionsrunden teilnahm und Flugblätter verbreitete.

So fuhr sie ein Jahr nach der Trennung von Hans im November 1942 für einige Wochen nach Hamburg zu ihren Eltern. Auf der langen Zugfahrt hatte sie Flugblätter der «Weißen Rose» im Gepäck, das jederzeit von der Gestapo hätte kontrolliert werden können – mit fatalen Folgen für sie. In ihrer Heimatstadt gab sie zwei Flugblätter einem studentischen Gesprächszirkel, der darüber diskutierte, sie mit der Schreibmaschine abschrieb und im kleinsten Kreis weiterreichte. Später sandte sie aus München «ein oder zwei» weitere Schriften in die Hansestadt (Bericht 21.2.1947, IfZ 12.13, Bd. 226). Lafrenz widersprach später dem Nachkriegsmythos, dass daraus ein «Hamburger Zweig der Weißen Rose» entstanden sei. Diese irreführende Etikettierung konstruiere einen Zusammenhang verbündeter Widerstandsgruppen, der weder inhaltlich noch organisatorisch bestanden habe (Waage, S. 95 f., 235).

Nur Traute Lafrenz begleitete im Februar 1943 die Familien Scholl und Probst bei den Beerdigungen. In ihren Verhören antwortete sie souverän und klug. Im März 1943 wurde sie verhaftet und am 19. April wegen Mitwisserschaft zu einem Jahr Gefängnis verurteilt. Nach ihrer Entlassung am 14. März 1944 inhaftierte man sie im Zuge von Ermittlungen gegen Hamburger Dissidenten erneut, bis sie im April 1945 von amerikanischen Truppen befreit wurde.

Verhaftungen, Verhöre, erstes Gerichtsverfahren

Am frühen Nachmittag des 17. Februar 1943 verhörte die Gestapo Hans Hirzel in Ulm. Er hatte mit zwei HJ-Kameraden über eine mögliche Aktion gegen Hitler gesprochen und war angezeigt worden. In diesem Gespräch nannte er auch Sophie Scholl. Hirzel konnte sich bei der Vernehmung herausreden, erkannte aber die Gefahr für die Geschwister und wollte sie warnen. Da er sich mitten im Abitur befand, bat er Inge Scholl, nach München zu fahren und ihnen ein alarmierendes Codewort zu übermitteln. Um sie nicht zur Mitwisserin zu machen, verschwieg er die Flugblattaktionen. Nach eigener Angabe telefonierte Inge lediglich mit Otl Aicher, der sich in München aufhielt, und bat ihn, die Warnung weiterzugeben. Aicher aber ging erst tags darauf zur Scholl'schen Wohnung. Dort traf er die Geschwister nicht mehr an, sondern wurde von der Gestapo verhaftet.

Hans und Sophie Scholl hatten am 18. Februar 1943 ihre Wohnung bereits gegen 10.30 Uhr verlassen. In einem Koffer und einer Aktentasche trugen sie 1500 bis 1800 Exemplare des sechsten Flugblatts mit sich. Dazu legten sie fünfzig Bögen von Flugschrift 5. Von ihrer Wohnung liefen sie zu der einen Kilometer entfernten Universität, um die Aufrufe dort auszulegen. Nach kurzem Zögern, ob sie die Aktion durchführen sollten, betraten sie gegen 10.45 Uhr das Gebäude durch den Haupteingang an der Ludwigstraße und deponierten vor den Hörsälen im ersten und zweiten Stock, die um einen überdachten Lichthof angeordnet sind, die Schriften. Einen weiteren Packen platzierten sie am rückwärtigen Ausgang zur Amalienstraße. Sie waren schon wieder auf dem Weg nach draußen, als sie sich umentschieden und mit den restlichen Blättern umkehrten. Noch einmal stiegen sie links vom Haupteingang zur zweiten Etage des Lichthofs hinauf. Dort stieß Sophie Scholl von der marmornen Brüstung einen Stapel von achtzig bis hundert Flugblättern in den menschenleeren Lichthof hinab. Diesen plötzlichen Impuls bezeichnete sie bald darauf im Gestapo-Verhör als «Fehler» und «Dummheit». Sie habe im «Übermut» gehandelt und «bereue» ihr Verhalten. Der Blätterwirbel, den ihr unbedachter Schubs ausgelöst hatte, wurde vom Hausschlosser der Universität gesehen. Er lief zur Abwurfstelle und erklärte die Geschwister für verhaftet. Trotz eines vagen Protests von Hans Scholl («lächerlich, unverschämt») ließen sich beide in das Büro des Universitätssyndikus führen. Die Ausgänge der Universität wurden verschlossen und die Blätter eingesammelt. Getrennt mussten Sophie und Hans auf die herbeigerufenen Beamten der Geheimen Staatspolizei warten, die sie wenig später abführten.

Als man die Geschwister aus dem Universitätsgebäude geleitete, kamen sie nahe an Hans' und Sophies Freundin Gisela Schertling vorbei. Er sagte ihr: «Geh' nach Hause und sag' Alex, wenn er da ist, er solle nicht auf mich warten.» Bei ihrer Ankunft in der Franz-Joseph-Straße 13 b wurde sie festgenommen und kurz darauf verhört. Dabei nannte sie aus dem Bekanntenkreis Willi Graf, der daraufhin abends festgenommen wurde, Alexander Schmorell, Professor Huber, Professor Muth und den Buchhändler Josef Söhngen. Am 24. Februar ergänzte sie freiwillig ihre Aussagen. Scholl habe ihr Morphium gespritzt und sie politisch und sexuell manipuliert.

Bei seiner Verhaftung trug Hans Scholl den handschriftlichen Entwurf für ein siebtes Flugblatt bei sich. Christoph Probst hatte ihm den Text bereits am 31. Januar gegeben. Scholl zerriss das Blatt, konnte die Fetzen aber nicht mehr verbergen. In seiner Vernehmung nannte er Probst als Verfasser. In der rekonstruierten Skizze werden die Kriegsplätze Stalingrad und Tripolis miteinander verglichen. Der Autor betonte, dass in Russland 200 000 «deutsche Brüder» dem «Prestige eines militärischen Hochstaplers» geopfert würden, wenn Deutschland nicht die «menschlichen Kapitulationsbedingungen der Russen» annehme. Im Januar hatten die Alliierten das nordafrikanische Tripolis besetzt. Dort würde die Bevölkerung geschont. Das Verhalten der Alliierten dort zeige, dass es ihnen um die Beseitigung von politischen Systemen, nicht von Völkern gehe. Hitler, der «die Juden zu Tode marterte, die Hälfte der Polen ausrottete, Russland vernichten wollte, […] der […] Freiheit, Frieden, Familien-

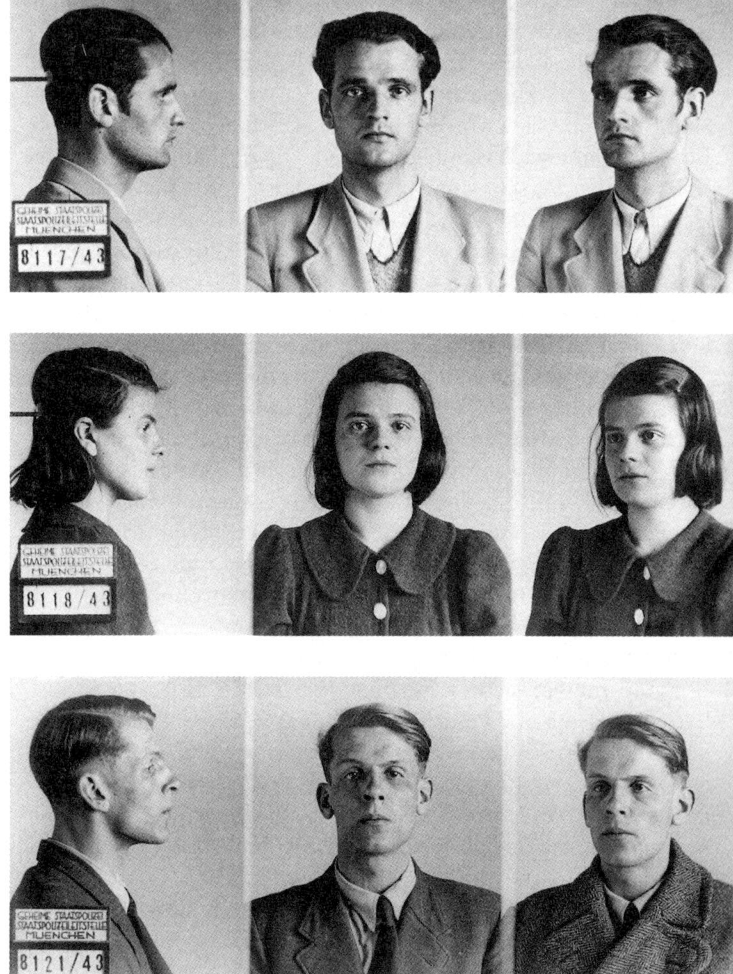

Die wichtigsten Akteure der Weißen Rose, aufgenommen von der Gestapo nach ihrer Verhaftung im Februar 1943. Hans Scholl, Sophie Scholl und Christoph Probst wurden am 22. Februar 1943 hingerichtet.

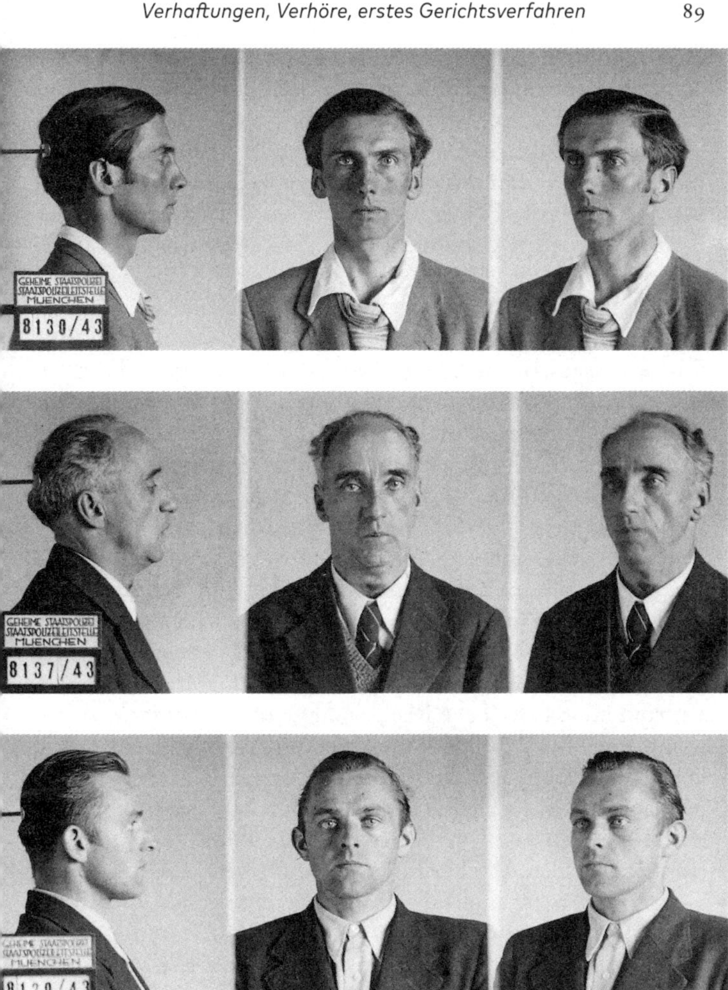

Alexander Schmorell und Kurt Huber wurden am 13. Juli 1943, Willi Graf am 12. Oktober 1943 ebenfalls im Strafgefängnis München-Stadelheim mit dem Fallbeil getötet.

glück, Hoffnung und Frohsinn nahm», sei ein «Mörder». Der Appell gipfelte in der Forderung: «Hitler und sein Regime muss fallen, damit Deutschland weiter lebt.»

Am Tag der Festnahme der Geschwister Scholl hielt abends Reichspropagandaminister Joseph Goebbels im Berliner Sportpalast eine Rede. Hinter ihm stand auf einem riesigen roten Banner in weißen Großbuchstaben das Thema der Veranstaltung: «TOTALER KRIEG – KÜRZESTER KRIEG». In einer rhetorisch ausgefeilten Ansprache forderte Goebbels das deutsche Volk auf, bis zum Letzten zu kämpfen, denn eine Kapitulation sei ausgeschlossen. Seine Worte kulminierten in der rhetorischen Frage: «Wollt ihr den totalen Krieg?» 3000 geladene Zuhörer sprangen auf und bejahten das frenetisch.

In den nächsten Tagen gelangen der Gestapo rasch Fahndungserfolge: Willi Graf wurde noch am Abend des 18. Februar 1943 verhaftet, Christoph Probst am 20. Februar; Alexander Schmorell versuchte vergeblich, in die Schweiz zu entkommen. Nach München zurückgekehrt, wurde er am 24. Februar festgenommen, Kurt Huber am 27. Februar.

Die Geschwister erfüllte «Todesmut und Lebenswille» (Hockerts, S. 447). Sie waren opferbereit und hoffnungsvoll, sie wussten um das tödliche Risiko und glaubten dennoch, zu entkommen. Offensichtlich hatten sie vereinbart, bei einer möglichen Verhaftung jede Verbindung zu den Flugblättern zu leugnen. Das hielten sie auch stundenlang durch, bis sie frühmorgens mit den Ergebnissen der Durchsuchung ihrer Wohnung konfrontiert wurden. Die Leichtfertigkeit, die bereits Falk Harnack «entsetzte», hatte nun Folgen: Die Gestapo fand «umfangreiches» Beweismaterial an «Briefschaften, Notizen und Aufzeichnungen», darunter hundertvierzig Briefmarken sowie Fotos der «Tatorte», der Graffiti und des Lichthofs. Darüber hinaus beschlagnahmte man in Sophie Scholls Zimmer eine für die Adressierung benutzte Reiseschreibmaschine, auf ihrem Schreibtisch lag ein Heft mit einer «großen Anzahl» von Flugblattempfängern aus München und Augsburg, und in ihrem Arbeitstisch entdeckte man 186 Patronen, die zu einer gestohlenen Armeepistole gehörten, die sich geladen in Hans Scholls Sekretär befand.

Der Vervielfältigungsapparat, die Flugblatt-Schreibmaschine, die Schablonen für die Wandanschriften, eine Teilnehmerliste der Gesprächsabende und andere belastende Gegenstände wurden drei Tage später im Keller des Ateliers von Manfred Eickemeyer sichergestellt.

Nach ihrem Geständnis versuchten die Geschwister nicht, ihre Taten kleinzureden, vorgeblich zu bereuen oder andere dafür verantwortlich zu machen, um selbst von mildernden Umständen zu profitieren. Hans Scholl bekannte:

> Als ich mich zur Herstellung und Verbreitung von Flugblättern entschlossen habe, war ich mir darüber im Klaren, dass eine solche Handlungsweise gegen den heutigen Staat gerichtet ist. Ich war der Überzeugung, dass ich aus innerem Antrieb handeln musste, und war der Meinung, dass diese innere Verpflichtung höher stand als der Treueid, den ich als Soldat geleistet habe. Was ich damit auf mich nahm, wußte ich, ich habe auch damit gerechnet, dadurch mein Leben zu verlieren.

Als Sophie Scholl gefragt wurde, ob sie immer noch der Meinung sei, richtig gehandelt zu haben, antwortete sie entschieden mit «Ja» und machte klar: «Mein Bruder und ich haben vollkommen aus ideellen Gründen gehandelt.» Später bekräftigte sie:

> Ich bin nach wie vor der Meinung, das Beste getan zu haben, was ich gerade jetzt für mein Volk tun konnte. Ich bereue deshalb meine Handlungsweise nicht und will die Folgen, die mir aus meiner Handlungsweise erwachsen, auf mich nehmen.

Die vier anderen Verhafteten räumten gleichfalls ein, an den Aktionen beteiligt gewesen zu sein, doch anders als die Geschwister, die keinerlei Konzessionen machten und konsequent zu ihren Taten standen, versuchten sie, ihr Verhalten zu erklären, zu entschuldigen, oder zeigten sich reuig. Inwieweit diese Aussagen taktisch bedingt oder aufrichtig waren, lässt sich nicht eindeutig klären. Angesichts der drohenden Todesstrafe liegt es aber nahe, dass sie dieser entgehen wollten.

Alexander Schmorell bekannte sich zunächst offen zu seinem Widerstand:

> Mit der Herstellung und Verbreitung unserer Flugblätter wollten Hans Scholl und ich einen Umsturz herbeiführen. Wir waren uns darüber im Klaren, dass unsere Handlungsweise gegen den heutigen Staat gerichtet ist und wir im Ermittlungsverfahren mit den schwersten Strafen rechnen müssen. Wir haben uns trotzdem nicht davon abhalten lassen, in der Weise gegen den heutigen Staat vorzugehen, weil wir beide der Ansicht waren, damit den Krieg verkürzen zu können.

Schmorell machte aber im Verhör und in der Gerichtsverhandlung auch Entlastungsgründe und mildernde Umstände geltend. Dabei berief er sich auf seine Abstammung. Sein «russisches Blut» habe ihn dazu getrieben, die russische Heimat zu verteidigen. Besonders schmerzlich berühre ihn der Krieg gegen Russland. Trotz des Bolschewismus blieben die Russen doch seine Brüder. Nichts sähe er lieber, als wenn der Bolschewismus verschwände, «aber natürlich nicht auf Kosten des Verlustes so wichtiger Gebiete, wie sie Deutschland erobert hat». Er sah sich «in der Sorge um das Schicksal zweier Völker verpflichtet» zu handeln.

Christoph Probst distanzierte sich ausdrücklich von Hans Scholls «Aktivismus». Einen Umsturz der geltenden Rechtsordnung habe er nicht gewollt und keinen Beitrag zur Anfertigung und Verbreitung der Flugblätter geleistet. Der von ihm verfasste Text sei im Zustand wahnhafter Schwermut, einer geistig-körperlichen Erschöpfung entstanden, er habe ihn lediglich zur Selbstreflexion, nicht zu propagandistischen Zwecken geschrieben. Er lebe nur für Familie und Beruf.

Am Montag, den 22. Februar 1943, eröffnete der Vorsitzende Richter Roland Freisler um 10 Uhr die Verhandlung gegen Sophie Scholl, Hans Scholl und Christoph Probst. Die Anklage warf ihnen Vorbereitung zum Hochverrat, Feindbegünstigung und Wehrkraftzersetzung vor. Die drei jungen Leute kamen gegen den brutalen Freisler kaum zu Wort; was sie sagten, wurde nicht protokolliert. Nach Verkündung der Todesurteile wurde die Sitzung um 12.45 Uhr geschlossen. Danach überstellte man die drei ins Gefängnis München-Stadelheim, wo ihre Einlieferung um 13.45 Uhr registriert wurde. Robert, Magdalene und

Werner Scholl, die von Ulm nach München gereist waren, reichten ein Gnadengesuch ein. Justizminister Thierack versagte den Gnadenerweis, sie erhielten aber Besuchserlaubnis. Ohne es zu wissen, sahen sie die Geschwister zum letzten Mal. Magdalene Scholl schrieb, sie habe da zu ihrer Tochter gesagt: «Aber gelt, Jesus», worauf Sophie «überzeugend, fast befehlend» geantwortet habe: «Ja, aber Du auch.» Nachdem Hans und Sophie das evangelische Abendmahl, Christoph Probst die katholische Taufe und Eucharistie empfangen hatten, wurden Sophie um 17.00 Uhr, Hans um 17.02 Uhr und Christoph um 17.05 Uhr mit der Fallschwertmaschine enthauptet. Hans Scholls letzte Worte waren: «Es lebe die Freiheit!» Sophie Scholl hatte einen Tag vor ihrem Tod auf die Rückseite der Gerichtsladung zweimal «Freiheit» geschrieben. Die Beerdigungen fanden zwei Tage später auf dem Friedhof am Perlacher Forst statt.

Weitere Vernehmungen und Prozesse

Als Willi Graf ab dem 19. Februar 1943 verhört wurde, schob er alle Verantwortung auf Hans Scholl und stellte sich selbst als ahnungslos Verführten dar: «Ich bin also unbewusst ein Opfer des Scholl geworden.» Er betonte mehrfach die Führungsposition und den «Einfluss» Scholls. Der habe ihn über die tatsächliche Stärke der Widerstandsbewegung getäuscht, indem er überregionale Verbindungen andeutete. Graf erklärte zudem, dass er sich sechs Tage vor dem 18. Februar von den Flugblattaktionen insgesamt distanziert habe; er legte ein Schuldeingeständnis ab und zeigte Reue.

Auch Kurt Huber rückte bei seinen Verhören ab dem 27. Februar 1943 von Hans Scholl ab. Dessen Gedanken seien «sowohl kommunistischer wie konfessionell reaktionärer Herkunft» gewesen. Ihm sei klar, dass seine «politischen Grundauffassungen […] in wesentlichen und grundsätzlichen Punkten in einem Gegensatz zur heute herrschend gewordenen Staatsauffassung stehen». Aber sie näherten sich «in mehr als einer Richtung den ursprünglichen Gedanken und Forderungen der nationalsozialistischen Bewegung». Er glaubte, den Nationalsozialismus reformieren zu können, und bat «den Führer persönlich» um eine «persönliche Unterredung». Huber fasste sein Anliegen so zusammen:

> Nicht Revolutionierung bezweckt mein Vorgehen, sondern gerade umgekehrt eine Zurückführung des heutigen Staatswesens auf eine nationale und zugleich gemässigt sozialistische, mit der unbedingten Forderung der Freiheit und Selbstverantwortlichkeit des Einzelnen vereinbaren Auslegung des Führerprinzips. (Politisches Bekenntnis, 8. März 1943)

Es dürfe keinen «Rückfall in die überlebte Gedankenwelt der westlichen Demokratien und des Parlamentsstaates» geben. Das sei auch das Anliegen der Flugblätter gewesen. Die Verbreitung seines Entwurfs habe er vergeblich versucht zu verhindern.

Zwei Monate nach der Gerichtsverhandlung gegen die Geschwister Scholl und Christoph Probst fand am 19. April 1943 der zweite «Weiße Rose»-Prozess in München gegen vierzehn Angeklagte statt, darunter Willi Graf, Kurt Huber und Alexander Schmorell. Der Volksgerichtshof trat wie im Februar zusammen, wieder führte Roland Freisler den Vorsitz.

Alexander Schmorell, Kurt Huber und Willi Graf wurden zum Tode verurteilt: Mit dem Fallbeil hingerichtet wurden Alexander Schmorell und Kurt Huber am 13. Juli 1943, Willi Graf am 12. Oktober 1943.

Das Gericht verfügte darüber hinaus zehn Freiheitsstrafen und einen Freispruch. Zu zehn Jahren Zuchthaus wurde Eugen Grimminger verurteilt, weil er die «Unterwühlung der Einigkeit der Heimat» mit 500 Reichsmark unterstützt habe. Fünf Jahre Gefängnis erhielten Hans Hirzel und Franz J. Müller, da sie von Ulm aus Flugblätter postalisch und persönlich verbreitet hatten. Die anderen Angeklagten wurden – mit Ausnahme von Susanne Hirzel, die ihrem Bruder half – nicht wegen ihrer Aktivitäten, sondern aufgrund ihrer Passivität und Mitwisserschaft verurteilt. Sie hätten «trotz Kenntnis des volksfeindlich-hochverräterischen Unternehmens keine Anzeige erstattet». Zu sieben Jahren Zuchthaus verurteilte man Willi Grafs Freunde Helmut Bauer und Heinrich Bollinger, da ihnen zusätzlich das Hören von «Feindsendern» zur Last gelegt wurde. Heinrich Guter, Susanne Hirzel, Traute Lafrenz, Gisela Schertling und Katharina Schüddekopf erhielten Gefängnisstrafen zwischen sechs und achtzehn Monaten. Falk Harnack wurde erstaunlicherweise freigesprochen.

Nach den ersten beiden Verfahren vor dem Volksgerichtshof im Februar und April 1943 gab es weitere Verurteilungen, so am 13. Juli 1943 in München gegen den Buchhändler Josef Söhngen. Er hatte seine Geschäftsräume als Versteck zur Verfügung gestellt und wurde deshalb zu sechs Monaten Haft verurteilt. In derselben Sitzung sprach man den Maler Wilhelm Geyer, den Architekten Manfred Eickemeyer und Christoph Probsts Schwiegervater, Harald Dohrn, frei. Am 3. April 1944 verurteilte ein Gericht in Saarbrücken Willi Bollinger wegen «Nichtanzeige eines hochverräterischen Unternehmens» zu einer dreimonatigen Gefängnishaft.

5. Nachwirkungen

Die Verteilaktion von Hans Konrad Leipelt im April 1943

Die Geschichte der «Weißen Rose» war mit der Hinrichtung der sechs wichtigsten Akteure nicht zu Ende. Die Flugblätter und der Tod der Studenten und des Professors zogen weite Kreise. Dazu gehört auch die Geschichte des Studenten Hans Konrad Leipelt und seiner Freundin Marie-Luise Jahn, die sich tatkräftig mit dem Anliegen der Freiheitskämpfer identifizierten.

Hans Leipelt hatte 1938 mit sechzehn Jahren das Abitur abgelegt, wurde zu Arbeits- und Wehrdienst eingezogen, kämpfte als Soldat in Polen und Frankreich und wurde mit dem Eisernen Kreuz zweiter Klasse ausgezeichnet. Doch 1940 erklärte man ihn zum «Halbjuden», weil seine Großeltern mütterlicherseits ursprünglich Juden waren. Sie waren aber bereits in jungen Jahren zum christlichen Glauben konvertiert und ließen ihre Kinder evangelisch taufen. Als «Mischling 1. Grades» eingestuft, wurde Leipelt für «wehrunwürdig» erklärt und aus dem Heer entlassen. Dieser staatlich und rechtlich normierte Rassismus traf ihn schwer. Er begann in Hamburg Chemie zu studieren, doch weil «jüdische Mischlinge» nur noch mit ministerieller Erlaubnis studieren durften, wechselte er nach München, wo der Leiter des dortigen Chemischen Instituts, der Nobelpreisträger Heinrich Wieland, diese Restriktionen ignorierte. Hans Leipelt erfuhr am 22. Januar 1943 von der Deportation seiner Großmutter mütterlicherseits ins Konzentrationslager Theresienstadt und von ihrem dortigen Tod. Seine Schwester musste als «jüdischer Mischling» die Schule verlassen, und als sein «arischer» Vater starb, war die Familie schutzlos.

Im Februar 1943 bekam Leipelt das sechste Flugblatt zugesandt, in dem zur «Brechung des nationalsozialistischen Terrors aus der Macht des Geistes» aufgerufen wurde. Er sah darin seine eigene Einstellung zum Nationalsozialismus bestätigt, für die auch erfahrene Kränkungen, Ungerechtigkeiten und Ausgrenzungen eine Rolle gespielt haben mögen. Er nahm den Appell mit ins Labor und zeigte ihn seiner Freundin Marie-Luise Jahn. Beide kannten die Autoren nicht persönlich, aber sie erfuhren wenig später von der Verhaftung und Hinrichtung der Studenten. Trotz dieser Gefahr kopierten Leipelt und Jahn den Text mehrfach und verbreiteten den Aufruf in München und Hamburg. Dass sie dieses Flugblatt mit dem Zusatz «Und ihr Geist lebt trotzdem weiter» versahen, wie Jahn später sagte, wird in den Verfahrensakten nicht erwähnt. Nach der Hinrichtung von Kurt Huber im Juli 1943 sammelten sie Geld für die Witwe und ihre beiden Kinder.

Nach einer Denunziation wurden Leipelt und Jahn im Oktober 1943 von der Gestapo verhaftet. Bei den Hausdurchsuchungen fand man Hinweise auf das Flugblatt, Mitschriften von «Feindsendern» und Planungen für weitere Aktionen. Bis zur Gerichtsverhandlung verging ein Jahr. Marie-Luise Jahn wurde am 13. Oktober 1944 zu zwölf Jahren Zuchthaus, Hans Konrad Leipelt zum Tode verurteilt. Während er in der Haftanstalt Stadelheim gefangen gehalten wurde, nahm sich seine Mutter im Polizeigefängnis Hamburg-Fuhlsbüttel das Leben, um ihrer Deportation in das Vernichtungslager Auschwitz-Birkenau zu entgehen. Während seiner Haftzeit wandte Hans Konrad Leipelt sich dem christlichen Glauben zu. Den letzten Brief an seine Schwester Maria schloss er mit den Worten:

> Ich fühle im wahrsten Sinne des Wortes göttliche Ruhe in mir und sterbe ohne Angst, in der Hoffnung auf Gottes Vergebung [...]. Der evangelische Anstaltspfarrer wird mir das Abendmahl reichen. [...] Lebe wohl mein Liebes! Nochmal empfehle ich Dich in die Hände Gottes. Ich weiß, daß wir uns wiedersehen werden. Dein Dich liebender Bruder Hans. (vollständig bei Klaus Möller)

Hans Konrad Leipelt wurde am 29. Januar 1945 im Gefängnis München-Stadelheim mit der Guillotine hingerichtet.

Elisabeth Scholl zur Motivation ihrer Geschwister, Juni 1943

Wenige Monate nach der Hinrichtung ihrer Geschwister schrieb Elisabeth Scholl an Hildegard Schüle, eine Freundin Sophie Scholls aus der Zeit des Reichsarbeitsdienstes in Krauchenwies und des Kriegshilfsdienstes in Blumberg. Die Familie Schüle hatte sich in Blumberg-Zollhaus liebevoll um Sophie gekümmert, und sie waren in Briefkontakt geblieben. Nun schickte Elisabeth Hildegard Schüle einen liegengebliebenen Brief ihrer Schwester. Im Begleitschreiben äußerte sie sich am 1. Juni 1943 zur Motivation ihrer Geschwister, Widerstand zu leisten:

> Liebes Fräulein Schüle!
> Als ich Sophies Sachen ordnete, fiel mir dieser Brief an Sie in die Hände und ich dachte, daß es Sie sicher freuen wird, ihn jetzt noch zu erhalten. Sie werden erfahren haben, daß Sophie und mein Bruder Hans am 22. Februar zum Tod verurteilt und hingerichtet worden sind, weil sie Flugschriften hergestellt und verbreitet hatten. Ich glaube, daß ich Ihnen nicht besonders sagen muß, daß die beiden alles mit reinem Herzen und Händen getan haben. Für Sophie waren es vor allem religiöse Gründe, sie konnte dieses Unrecht als Christ nicht mehr sehen und ruhig ihr Privatleben daneben weiterleben. Und ihr verklärtes Gesicht bei dem Besuch nach dem Urteil haben uns gezeigt, daß sie den rechten Weg gegangen

ist. Wir müssen sie und Hans jetzt noch inniger in unser Gebet einschließen, denn für Gott gibt es ja keine Zeit.
Es wird Sie sicher interessieren, daß Gisela Schertling in derselben Sache zu 1 Jahr Gefängnis verurteilt wurde.
Meine Eltern und meine Schwester sind seither noch im Gefängnis, ein Ende ist nicht abzusehen. Ich selbst wurde vor einigen Wochen entlassen und muß nun anfangen die Wohnung zu räumen.
Behalten Sie Sophie in gutem Andenken, sie hat immer so lieb und dankbar von Ihnen gesprochen.
Herzliche Grüße
Ihre Elisabeth Scholl
Unsere Post wird zensiert!

Thomas Manns Radioansprache vom Juni 1943

Thomas Mann wusste nichts von der Wertschätzung, die Hans Scholl ihm entgegengebracht hatte. Aber seine Reaktion auf die Hinrichtung der Münchner Freiheitskämpfer bestätigt ihre geistige Verwandtschaft. In einer Rundfunksendung vom 27. Juni 1943 würdigte er das Vorbild der Studenten und griff Kurt Hubers Forderung nach «Freiheit und Ehre» aus der sechsten Flugschrift wiederholt auf:

> Ich sage: Ehre den Völkern Europas! Und ich füge etwas hinzu, was im Augenblick manchem, der mich hört, befremdlich klingen mag: Ehre und Mitgefühl auch dem deutschen Volk!

Dass man zwischen dem deutschen Volk und dem Nationalsozialismus unterscheiden müsse, bewiesen ihm «die Vorgänge an der Münchener Universität, wovon die Nachricht durch Schweizer und schwedische Blätter, erst ungenau, dann mit immer ergreifenderen Einzelheiten» durchgedrungen sei:

> Wir wissen nun von Hans *Scholl* [...] und seiner Schwester, von Christoph *Probst*, dem Professor *Huber* und all den anderen; von dem österlichen Aufstande der Studenten gegen die obszöne Ansprache eines Nazi-Bonzen im Auditorium maximum, von ihrem Märtyrertod unterm Beil, von der Flugschrift, die sie verteilt haben und worin Worte stehen, die vieles gutmachen, was in gewissen unseligen Jahren an deutschen Universitäten gegen den Geist

deutscher Freiheit gesündigt worden ist. Ja, sie war kummervoll, diese Anfälligkeit der deutschen Jugend – gerade der Jugend – für die nationalsozialistische Lügenrevolution. Jetzt sind ihre Augen geöffnet [...].

Die Studenten hätten «das junge Haupt auf den Block» gelegt «für ihre Erkenntnis und für Deutschlands Ehre». Sie hätten «im Angesicht des Todes bezeugt: ‹Ein neuer Glaube dämmert an Freiheit und Ehre!› Brave, herrliche junge Leute!», deklamierte er: «Ihr sollt nicht umsonst gestorben, sollt nicht vergessen sein.» Die «deutsche Revolution, die wirkliche», werde ihnen in einem freien Deutschland «Denkmäler» setzen, ihre «Namen verewigen», ihnen, «die ihr, als noch Nacht über Deutschland und Europa lag, wußtet und verkündetet: ‹Es dämmert ein neuer Glaube an Freiheit und Ehre!›» (Alle Zitate aus Mann, Deutsche Hörer!, S. 103 f.)

Millionen Flugblätter aus britischen Bombern

Im Januar 1943 verbreiteten in Saarbrücken Heinz Bollinger und im März in Berlin die Gruppe «Onkel Emil» einige hundert Exemplare des sechsten Flugblatts der «Weißen Rose». Einzelne Exemplare gelangten nach Hamburg, Köln, Bonn, Chemnitz, Frankfurt am Main, Heilbronn, Stuttgart, Augsburg, Freiburg, Linz, Wien, Salzburg und Innsbruck.

Millionenfach aber warf die Royal Air Force (RAF) den Aufruf mit Flugzeugen und unbemannten Ballons im Juli und Dezember 1943 und erneut im März 1944 über Deutschland ab. Über fünf Millionen Exemplare fielen auf Köln, Oldenburg, Minden, Paderborn, Wiesbaden, Kaiserslautern, Wilhelmshaven, Frankfurt am Main, Pirmasens, Mainz, Bielefeld, Aachen, Hamburg und das Ruhrgebiet.

Überschrieben war es nun mit «Ein deutsches Flugblatt» – «Manifest der Münchner Studenten». Dazu wurde erläutert, Studierende hätten es im Februar 1943 verteilt, sechs von ihnen seien hingerichtet, andere eingesperrt oder an die Front geschickt worden. Die Flugschrift entspreche also offenbar der

Gesinnung eines beträchtlichen Teils der deutschen Studenten. Aber auch andere hätten den Ernst der Lage erkannt: «Ob Deutschland noch selber sein Schicksal wenden kann, hängt davon ab, dass diese Menschen sich zusammenfinden und handeln.» Zugleich mit den Bomben würde die RAF nun die Schrift «in Millionen von Exemplaren» abwerfen, damit die «Vernünftigen und Anständigen» zu Wort kämen, «dieses Flugblatt, für das sechs junge Deutsche gestorben sind» (Zankel, Mit Flugblättern, S. 555 f.).

Die «Weiße Rose» im öffentlichen Gedächtnis

Nach dem Zweiten Weltkrieg war ein abwertendes Bild vom Widerstand weit verbreitet: Die Frauen und Männer des 20. Juli 1944 galten als «Vaterlandsverräter», die Akteure der «Weißen Rose» als «naive Idealisten». An ihnen und anderen Attentätern glaubten die Deutschen – in einem Akt kollektiver Selbstentlastung – zu sehen, dass ein Aufstand gegen Hitler sinnlos war. Die historische Leistung von Inge Scholl war es, diesem Bild ihre Erinnerungen an die Geschwister entgegenzusetzen. Im März 1947 verfasste sie ihre *Biographischen Notizen* zur «Weißen Rose». Diese Ausführungen waren ein hochemotionaler Versuch, den Widerstand ihrer Geschwister psychologisch zu erklären. Aus der Schrift ging das 1952 von ihr veröffentlichte Buch *Die Weiße Rose* hervor, das sich weltweit millionenfach verkauft hat und das Bild der Freiheitskämpfer bis heute prägt. Man hat dieser Darstellung mit Recht vorgeworfen, das Bild der jugendlichen Widerstandskämpfer zu glätten. Biographische Brüche wie Sophie Scholls Begeisterung für die Hitlerjugend und ihre relativ späte Abkehr davon oder Hans Scholls homophile Orientierung und seine tief religiösen Suchbewegungen kommen nicht zur Sprache. Das Buch erweckt den Eindruck, als hätten die politischen Vorstellungen der Gruppe mehr oder weniger dem entsprochen, wofür später die Bundesrepublik stand, ohne Unterschiede zwischen den Handelnden zu sehen.

Inge Aicher-Scholls familiäres Narrativ trug erheblich dazu

bei, dass die Geschwister Scholl in der öffentlichen Wahrnehmung der «Weißen Rose» stark in den Vordergrund traten. Sophie Scholl vor allem wurde fälschlicherweise zur Galionsfigur der studentischen Widerstandsgruppe. Ihre zunehmende Verehrung lässt sich in beiden deutschen Staaten an Briefmarken ablesen: Die Deutsche Post der DDR veröffentlichte 1961 das erste Wertzeichen mit Abbildungen der Geschwister. Das entsprach der Suche der jüngeren Generation nach Menschen, die nicht so angepasst oder bereit zum Mitmachen waren wie die meisten ihrer Eltern und Großeltern. Die wenigen mutigen Oppositionellen wurden entdeckt und verklärt: Frei von persönlichen Motiven hätten sie selbstlos politisch gehandelt. Ostberlin sah in den Geschwistern Scholl antifaschistische Sozialisten. 1964, zum zwanzigsten Jahrestag des Attentats gegen Hitler vom 20. Juli 1944, brachte die westdeutsche Bundespost einen Briefmarkenblock mit acht Widerstandskämpfern heraus – sieben Männer und eine Frau. Man wählte aber keine Mutige aus den Reihen des 20. Juli, sondern Sophie Scholl, die zum Zeitpunkt des Attentats bereits mehr als ein Jahr tot war. 1991 druckte die Deutsche Bundespost in der Reihe «Frauen der deutschen Geschichte» eine Sophie-Scholl-Marke mit einer entschlossen blickenden Kämpferin. Ihr einhundertster Geburtstag 2021 war Anlass, erneut eine Marke mit ihrem Konterfei aufzulegen.

Maßgeblich für das öffentliche Bild Sophie Scholls waren auch drei Spielfilme: *Die weiße Rose* von Michael Verhoeven (1982), *Fünf letzte Tage* von Percy Adlon (1982) sowie *Sophie Scholl – Die letzten Tage* von Marc Rothemund (2005). Alle rücken die junge Studentin in den Mittelpunkt. Die Jüngste und einzige Frau der Widerstandsgruppe erscheint als die zentrale Figur der Münchner Revolte. Dieses unzutreffende Bild ist so dominant, dass 2019 Bundespräsident Frank-Walter Steinmeier zum fünfundsiebzigsten Jahrestag des 20. Juli 1944 an das «Schicksal der Gruppe um Sophie Scholl» erinnerte.

Seit 2003 wird in der Gedenkstätte bedeutender Deutscher, der Walhalla bei Regensburg, aus dem Münchner Kreis allein Sophie mit einer prominent platzierten, überlebensgroßen, konturlosen Marmorbüste geehrt. An den Widerstand im Allgemeinen erinnert eine Tafel am Sockel: «Im Gedenken an alle, die gegen Unrecht, Gewalt und Terror des ‹Dritten Reichs› mutig Widerstand leisteten.» Sophie Scholl wird so zur Inkarnation des Widerstands, zum nationalen Mythos – künstlerisch fragwürdig und historisch falsch. Seit 2005 ist zudem ausschließlich Sophie mit einer personalisierten Bronzebüste im Lichthof der Münchner Universität, durch den die Flugblätter der Gruppe flatterten, präsent. Sie wirkt dynamisch, verletzlich und androgyn. In unmittelbarer Nähe befindet sich eine Dauerausstellung der Weiße-Rose-Stiftung zur Geschichte des Münchner Widerstands. Seit 1987 widmet sich ein Trägerverein der Erinnerungsarbeit durch Wanderausstellungen, Veranstaltungen und Projekte.

Historiker sind dem einseitigen und verklärenden Blick auf die «Weiße Rose» nicht gefolgt. Dass dieses Bild unangemessen ist, ist im Fach längst Konsens. 1968 veröffentlichte Christian Petry die erste auf den damals bekannten schriftlichen Quellen beruhende historische Darstellung mit dem Titel *Studenten aufs Schafott. Das Scheitern der Weißen Rose*. Fast vierzig Jahre nach Petry publizierte Sönke Zankel 2006 seine Dissertation «Die WEISSE ROSE war nur der Anfang» (erweitert 2008: «Mit Flugblättern gegen Hitler»). Darin griff er Petrys Ansatz auf und setzte ihn überzeugend fort. Seitdem sind weitere historisierende Überblicksdarstellungen erschienen, 2017 etwa Miriam Gebhardts *Die Weiße Rose*, die soziologische Aspekte hervorhebt, und Wolfgang Benz' gleichnamige Einführung, die das politische Umfeld fokussiert.

Heute können wir auf einer breiten Quellengrundlage die vielen Charakterfarben und Beweggründe der Dissidenten in ihrem geschichtlichen Zusammenhang wahrnehmen, ohne sie zu idealisieren oder zu trivialisieren, ohne Fiktionen und Fakten durcheinanderzuwerfen. Wir können sie als Menschen im Widerstand mit ihren Widersprüchen, Stärken und Schwächen und als Kinder ihrer Zeit sehen. Einige von ihnen waren teilweise in Lebenskrisen, fühlten sich ausgegrenzt, handelten aus jugendlichem Leichtsinn und hatten – aus heutiger Sicht – undemokratische und rassistische Vorstellungen. Die Freiheitskämpfer der «Weißen Rose» waren eigensinnige Individualisten, sie folgten ihrem

Gewissen – unabhängig von Erfolgsaussichten. Dabei war für sie der christliche Glaube wesentlich: sei es protestantisch, katholisch oder orthodox. Mit ihren Idealen bleiben sie Leitbilder für Zivilcourage, Mitmenschlichkeit und Glaubensmut.

6. Jugendwiderstand mit Flugblättern

Flugschriften waren eine der wenigen subversiven Möglichkeiten, um im totalitären NS-Staat Gegeninformationen zu verbreiten. So warf die britische Royal Air Force während der gesamten Kriegszeit Handzettel über Deutschland ab. Allein zu Kriegsbeginn Anfang September 1939 waren es achtzehn Millionen Blätter.

Der Widerstand der «Weißen Rose» war einzigartig, aber nicht einmalig. Neben den Münchnern gab es noch andere junge Leute, die nahezu gleichzeitig Flugblätter als Waffe gegen Hitler einsetzten. Eine von ihnen war Marianne Joachim.

«Werde kein Alltagsmensch»: Marianne Joachim

Die junge Frau gehörte zu einer Berliner Gruppe überwiegend jüdischer Deutscher um den Elektriker Herbert Baum. Der 1912 geborene Baum hatte als kommunistischer Jugendführer schon vor 1933 die Nationalsozialisten bekämpft. Unter seiner Anleitung bildete sich Marianne Joachim politisch weiter, verbreitete mit ihren Freunden Flugblattaufrufe und verübte einen Brandanschlag auf eine Propagandaausstellung (siehe Regina Scheer, Im Schatten der Sterne).

Am 5. November 1921 wurde sie in Berlin als Marianne Prager in eine jüdische Familie hineingeboren. Sie war derselbe Jahrgang wie Sophie Scholl. Ihr Vater war Bauarbeiter, die Mutter Hausfrau, ihre Schwester Ilse fünf Jahre jünger. Mit vierzehn Jahren trat sie in den «Bund deutsch-jüdischer Jugend» ein, der sich seit 1936 «Ring. Bund jüdische Jugend» nannte, weil das Adjektiv «deutsch» aus dem Verbandsnamen entfernt werden musste. Als jüdische Organisationen im Januar 1937 verboten wurden, trafen sich die Jugendlichen illegal. Nach ihrem Realschulabschluss 1938 erlernte sie in einem jüdischen Kinderheim den Beruf der Pflegerin. Ab Sommer 1940 musste Marianne Zwangsarbeit leisten. Im Sommer 1941 heiratete sie in der Berliner Neuen Synagoge den zweiundzwanzigjährigen Heinz Joachim, der bei der Elektrofirma Siemens zwangsverpflichtet war; dort hatte er Herbert Baum kennengelernt. Die Widerstandsgruppe traf sich nun häufig in der Wohnung des jungen Ehepaars und vervielfältigte mit einem von Heinz Joachim erworbenen Abziehgerät mehrere Schriften. Zur selben Zeit, als die Geschwister Scholl und Alexander Schmorell in Ulm und München über eine Flugblattaktion nachdachten, verfasste die Berliner Gruppe einen flammenden Appell an die «deutsche Ärzteschaft gegen das Massensterben aufgrund von Unterernährung und Krankheiten». Anfang April 1942 forderten sie mit rund 400 Flugblättern die sofortige Beendigung des «wahnsinnigen» Kriegs:

> *Hitlers Sturz ist Deutschlands Rettung!*
> Soll Hitler wirklich Deutschlands Totengräber werden? Er darf es nicht werden. Fallt ihm gemeinsam mit den antifaschistischen Werktätigen in die Arme. Deutschland wird nicht zugrunde gehen, wenn Hitler stürzt. Im Gegenteil! Millionen Deutsche werden vor dem Untergang bewahrt, sie werden gerettet. Deutschland wird nicht leben, wenn wir sterben!
> Deutschland wird nur leben, wenn wir leben! […]
> *Darum sind die besten Deutschen die Todfeinde Adolf Hitlers!*
>
> (Gedenkstätte Deutscher Widerstand: was-konnten-sie-tun.de/uploads/tx_iobio/h_baum_flugblatt_5704_19_04.pdf)

An der Meinungsfindung, Planung, Herstellung und Verbreitung der Flugschriften war Marianne Joachim beteiligt, ebenso bei einem missglückten Brandanschlag am 18. Mai 1942 im Berliner Lustgarten auf die antisowjetische Ausstellung «Das Sowjetparadies». Die junge Frau wurde am 9. Juni verhaftet und am 4. März 1943 in Berlin-Plötzensee hingerichtet. Herbert Baum verübte am 11. Juni 1942 in der Gefängniszelle «Selbstmord durch Erhängen», so der Gestapo-Schlussbericht.

In ihren Briefen aus dem Strafgefängnis Berlin-Plötzensee ermahnte Marianne ihre jüngere Schwester: «Werde kein Alltagsmensch, den nur sein Essen und Vergnügen interessiert, gedenke der Lieder, die wir gemeinsam gesungen haben.» Ihren Eltern sandte sie «als letzten Gruß noch ein paar Verse»:

Ich seh Euch Tag und Nacht die Hände falten
Und beten zu der Macht, auf die Ihr baut.
Ich hör Euch innig-flehend Zwiesprach halten
Mit Eurem lieben Gott, dem Ihr vertraut.
Ich weiß um Euer Fühlen, Euer Denken,
Ich kenne Eurer Stunden bittre Qual.
Wie gerne wollt Ihr mir das Leben schenken,
Zum zweiten … ach, zum Millionstenmal!
[…]
Seid hart und fest nun, da wir scheiden müssen,
nehmt stark das Unabänderliche hin,
lasst in Gedanken Euch herzinnigst küssen,
Und glaubet mir, wie dankbar ich Euch bin.

Die Eltern erreichte der Brief (den Mariannes Schwiegermutter entgegennahm und aufbewahrte) nicht mehr, sie wurden nach Auschwitz deportiert. Marianne Joachims Schwester Ilse konnte im Mai 1939 mit zwölf Jahren nach Palästina entkommen.

«Eine Zwangsorganisation ersten Ranges»: Helmuth Hübener

Auch der Hamburger Helmuth Hübener setzte in seinem Kampf gegen den Nationalsozialismus auf die Überzeugungskraft von Flugblättern (siehe Ulrich Sander, Jugendwiderstand im Krieg). Mit siebzehn Jahren war er der jüngste von einem deutschen Zivilgericht zum Tode verurteilte Widerstandskämpfer. Jünger war nur der 1924 geborene Carlo Schönhaar, der als Mitglied des französischen Widerstands 1942 von einem deutschen Kriegsgericht in Paris zum Tode verurteilt wurde.

Helmuth Hübener wurde am 8. Januar 1925 geboren und war fast vier Jahre jünger als Sophie Scholl, die Jüngste der «Weißen Rose». Seine Mutter, die für ihn und seine beiden Halbbrüder da war, verdiente ihren Lebensunterhalt als Arbeiterin, dann als Krankenpflegerin. Häufig lebten die Geschwister bei den in der Nähe wohnenden Großeltern. Die ganze Familie gehörte zur «Kirche Jesu Christi der Heiligen der Letzten Tage» (Mormonen). Die Nationalsozialisten verboten die Pfadfindergruppe der Gemeinde, zu der Helmuth gehörte, und störten Veranstaltungen. Als Zeichen der Staatstreue schloss die Gemeindeleitung 1938 jüdische Mitglieder aus und befestigte ein Schild mit der Aufschrift «Juden ist der Eintritt verboten!» an der Eingangstür des Versammlungsraumes. Helmuth Hübener fand das ungerecht und war darüber «sehr empört», wie später die Mutter eines Freundes berichtete.

1938 trat er in das Deutsche Jungvolk ein, später in die Hitlerjugend. 1940 lernte er eine Gruppe kommunistischer Jugendlicher kennen, die heimlich ausländische Rundfunksendungen hörte und darüber diskutierte. Sein politisches Weltbild erweiterte sich dadurch wesentlich. Ab März 1941 verfolgte er mit dem Radiogerät seines Bruders eigenständig die Nachrichten der BBC und stenografierte sie mit. Im Staatsarchiv informierte er sich über die kriegführenden Länder. Nach dem Abschluss der Mittelschule begann er im April 1941 eine Verwaltungslehre bei der Hamburger Sozialbehörde. Als er Gemeindesekretär des Präsidenten seiner Kirche wurde, hatte er Zugang zu einer Schreibmaschine. Damit tippte er Streuzettel und Flugschriften. Er forderte die Beendigung des Krieges und den Sturz des Diktators: «Hitler hat die alleinige Schuld! Durch den uneingeschränkten Luftkrieg wurden bisher mehrere hunderttausend wehrlose Zivilpersonen getötet.» Oder: «Nieder mit Hitler – Volksverführer, Volksverderber, Volksverräter – Nieder mit Hitler!» Ab August 1941 halfen ihm zwei Freunde. Den Malergesellen Karl-Heinz Schnibbe und den Schlosserlehrling Rudolf Wobbe kannte er aus seiner Kirchengemeinde. Obwohl mehr als fünf lesbare Durchschläge pro Abschrift kaum möglich waren, produzierte die Gruppe ab August 1941 insgesamt über sechzig

Flugblätter mit unterschiedlichen Themen. Darin schilderten sie das Kriegsgeschehen realistisch. Voller Sarkasmus stellten sie den Meldungen des Oberkommandos der Wehrmacht diejenigen des Londoner Rundfunks entgegen und urteilten: «Sie lügen, lügen, lügen.» Sie beschrieben und kommentierten die nationalsozialistische Kirchen- und Kriegspolitik, verglichen das Militärpotential der Alliierten mit dem der «Achsenmächte» Deutschland, Japan und Italien und maßen die Lebenswirklichkeit in Deutschland an den früheren Versprechungen der Machthaber.

Wie die Flugblätter der «Weißen Rose» brandmarkten auch Hübeners Texte die Entmündigung des Einzelnen durch den NS-Staat und seine Organisationen. An seine Altersgenossen in der Hitlerjugend schrieb er:

> Das ist also die weit und breit gepriesene H. J. Eine Zwangsorganisation ersten Ranges zur Heranziehung nazihöriger Volksgenossen. Hitler und seine Komplizen wissen, dass sie euch von Anfang an den freien Willen nehmen müssen, um gefügige, willenlose Elemente aus euch machen zu können. Denn Hitler weiß, dass seine Zeitgenossen ihn langsam zu durchschauen beginnen, ihn den Unterdrücker freier Nationen, den Mörder von Millionen. Darum rufen wir euch zu: Lasst euch euren freien Willen, das kostbarste was ihr besitzt, nicht nehmen. Lasst euch von euren Führern – selbstherrlichen Königen im Kleinen – nicht unterdrücken und tyrannisieren, sondern wendet vielmehr der H. J., dem Werkzeug des Hitlerregimes für euren Untergang, den Rücken.

Zur Jahreswende 1941/42 gewann Helmuth Hübener in seiner Behörde einen neuen Mitstreiter: den gleichaltrigen Lehrling Gerhard Düwer. Zusammen fragten sie Mitte Januar 1942 einen weiteren Auszubildenden, ob er für sie Texte ins Französische übersetzen könne, um Kriegsgefangene und Zwangsarbeiter zu erreichen. Dabei wurden sie beobachtet und denunziert. Am 5. Februar 1942 verhaftete man Hübener und Düwer, wenige Tage später Schnibbe und Wobbe. Auch als er gefoltert wurde, nahm Helmuth Hübener die ganze Verantwortung auf sich. Bei der Verhandlung am 11. August 1942 vor dem 3. Senat des Volksgerichtshofes in Berlin stellte Hübener seinen christlichen Glauben über die nationalsozialistische Ideologie und erklärte, er habe mit seiner Widerstandsarbeit zur Beseitigung Hitlers beitragen wollen.

Obwohl erst siebzehn Jahre jung, wurde Hübener wie ein Erwachsener behandelt und zum Tode verurteilt. Eigentlich galt das Erwachsenenstrafrecht erst ab dem Zeitpunkt der Volljährigkeit, dem einundzwanzigsten Lebensjahr. Das NS-Strafrecht sah aber bei schweren Verbrechen eine Behandlung von jugendlichen «Minderjährigen» (14–17 Jahre) und «Halberwachsenen» (18–20 Jahre) nach Erwachsenenstrafrecht vor, was die Verhängung der Todesstrafe mit einschloss. Der Angeklagte habe eine «weit über dem Durchschnitt von Jungen seines Alters stehende Intelligenz», urteilte das Gericht. Die Flugblätter und sein Auftreten ergäben «durchweg das Bild eines geistig längst der Jugendlichkeit entwachsenen frühreifen jungen Mannes». Die anderen Angeklagten wurden zu Gefängnisstrafen zwischen vier und zehn Jahren verurteilt.

Helmuth, seine Mutter, sein Stiefvater und seine ehemalige Arbeitsstelle reichten Gnadengesuche ein. Die Hamburger HJ stellte ihm ein positives Zeugnis aus, und sogar die Gestapo Hamburg und das Geheime Polizeiamt in Berlin befürworteten einen Gnadenerweis. Doch die Reichsjugendführung und die Kanzlei des Führers sprachen sich dagegen aus. Die Hamburger HJ schloss Hübener daraufhin aus ihren Reihen aus. Am 19. Oktober 1942 entschied Reichsjustizminister Otto Georg Thierack «mit Ermächtigung des Führers [...], von dem Gnadenrecht keinen Gebrauch zu machen, sondern der Gerechtigkeit freien Lauf zu lassen». Vier Monate später lehnte der Minister, ein promovierter Jurist, mit diesem Standardsatz auch die Gnadengesuche für die Geschwister Scholl und Christoph Probst ab.

Helmuth Hübener wurde am Abend des 27. Oktober 1942 im Strafgefängnis Berlin-Plötzensee hingerichtet. Das Vollstreckungsprotokoll schildert den Justizmord:

> In dem vorderen Teil des durch elektrisches Licht hell erleuchteten Vollstreckungsraumes befand sich ein schwarz verhangener Tisch, auf dem ein Kruzifix und zwei brennende Kerzen standen. Der hintere Teil des Vollstreckungsraumes, in dem das Fallbeil steht, war durch einen schwarzen Vorhang abgetrennt. Die Unterzeich-

> neten nahmen hinter dem Tisch Aufstellung. Der Scharfrichter stellte sich mit seinen drei Gehilfen vor dem geschlossenen Vorhang auf. [...] Der Vollstreckungsleiter ordnete die Vorführung des Verurteilten an. Dieser wurde um 20.13 Uhr, die Hände auf dem Rücken gefesselt, durch zwei Gefängniswachtmeister an der Richtstätte vorgeführt. Die Tür des Vollstreckungsraumes wurde geschlossen. [...] Sofort wurde der Vorhang zurückgezogen und die drei Gehilfen des Scharfrichters traten an die Stelle der beiden Gefängniswachtmeister. Der Verurteilte gab keine Äußerung von sich. Er war ruhig und gefaßt. Er ließ sich ohne Widerstreben vor das Fallbeilgerät führen und dort mit entblößtem Oberkörper niederlegen. Der Scharfrichter trennte sodann mittels Fallbeils den Kopf des Verurteilten vom Rumpfe und meldete, dass das Urteil vollstreckt sei.

Vermutlich wurde Helmuth Hübeners Leichnam dem Anatomischen Institut der Universität Berlin übergeben.

Hübeners Mutter und Großeltern starben im Juli 1943 bei der verheerenden Bombardierung Hamburgs. Mit ihnen wurden auch Helmuths Abschiedsbriefe vernichtet, die er kurz vor seiner Hinrichtung an sie gerichtet hatte. Nur der letzte Brief, den er am Tage seines Todes an die befreundete Familie Sommerfeld verfasste, ist erhalten. Darin heißt es:

> «Ich bin meinem himmlischen Vater sehr dankbar, dass heute Abend dieses qualvolle Leben zu Ende geht, ich könnte es auch nicht länger ertragen. Mein Vater im Himmel weiß, dass ich nichts Unrechtes getan habe [...]. Ich weiß, dass Gott lebt, und Er wird der gerechte Richter über diese Sache sein. Auf ein frohes Wiedersehen in jener besseren Welt! Ihr Freund und Bruder im Evangelium Helmuth.»

«Ein starker Glaube»: Cato Bontjes van Beek

Cato Bontjes van Beek, geboren am 14. November 1920, gehörte in Berlin zur Widerstandsgruppe «Rote Kapelle» um Arvid Harnack und Harro Schulze-Boysen. Der Name dieses lockeren Kreises geht auf die staatlichen Ermittler zurück. Sie verstanden unter einer «Kapelle» die Zusammenarbeit mehrerer Funker, «Pianisten» genannt, und mit der Farbbezeichnung «rot» wollten sie dessen behauptete kommunistische Ausrichtung zum Ausdruck bringen. Beides trifft aber nicht zu. Die Gruppe besaß nur ein nahezu funktionsuntüchtiges Funkgerät, und die politische Gesinnung der Dissidenten war weit gefächert. Einige von ihnen verteilten 1941/42 in Berlin Flugblätter. Dazu gehörte die einundzwanzigjährige Cato Bontjes van Beek (siehe Hermann Vinke, Cato Bontjes van Beek).

Cato Bontjes van Beek wurde im Künstlerdorf Fischerhude bei Bremen in eine bekenntnislose Künstlerfamilie hineingeboren. Die Mutter Olga war Ausdruckstänzerin, Musikerin und Malerin, der Vater Jan Töpfer. Cato las viel, schrieb und dichtete. Sie beschäftigte sich mit fernöstlichen Religionen und dem christlichen Glauben und setzte durch, dass sie und ihre Geschwister Mietje und Tim getauft und konfirmiert wurden. Sie gehörte zur evangelisch-lutherischen Kirche, legte aber Wert darauf, zwischen Bibel und Institution zu unterscheiden. Sie verknüpfte zwei Jesusworte zu ihrer Lebensregel: «Liebet eure Feinde wie euch selbst.» (Matthäus 5,44/19,19) Nach Aufenthalten in den Niederlanden, England und Ostpreußen zog sie 1940 mit ihrer Schwester Mietje nach Berlin zu ihrem inzwischen von Catos Mutter geschiedenen Vater. Sie erlernte die Grundkenntnisse der kaufmännischen Arbeit, das Töpferhandwerk und die Segelfliegerei. Erste subversive Aktionen unternahm Cato 1940/41, als sie mit Mietje französischen Kriegsgefangenen heimlich Kleinigkeiten wie Zigaretten, Feuerzeuge und Nähgarn zusteckte. Im September 1941 begegnete sie Harro Schulze-Boysens Ehefrau Libertas, die sie zu einem Dissidentenkreis mitnahm, wo sie Fotos von Kriegsverbrechen deutscher Truppen im Osten sah.

Im Januar 1942 trafen sich die Widerständler in der gemeinsamen Wohnung von Cato und ihrem Freund Heinz Strelow, um ein Flugblatt zu konzipieren. Es entstand die eng beschriebene, sechsseitige Schrift «Die Sorge um Deutschlands Zukunft geht durch das Volk». Die Berliner Autoren forderten das Ende des Kriegs, die Beseitigung Hitlers und ein sozialistisches Deutschland mit der Sowjetunion als Bündnispartner:

> Während der Arbeitnehmer gezwungen wird, zu immer schlechteren Bedingungen seine Arbeitskraft zu verkaufen und oft fernab von den Seinen ein graues Dasein als Arbeitssklave zu führen, gibt es immer noch genug Bonzen und Kriegsgewinnler.

Die «Freiheit der Werktätigen» werde dem «braunen Zwang unterworfen». Noch nie sei ein Mann so gehasst worden wie Hitler. Die sich ihres «geschichtlichen Auftrags bewussten Arbeiter in Stadt und Land» müssten bereit sein, «auf revolutionärem Wege» den Diktator zu entfernen. Das deutsche Volk brauche eine «sozialistische Regierung der Arbeiter, der Soldaten und der werktätigen Intelligenz». Die Verfasser sahen in der Zusammenarbeit mit den «fortschrittlichen Kräften Europas» und der Sowjetunion die Zukunft des Kontinents. Die besetzten Gebiete müssten geräumt und eine «Erneuerung des Freundschaftspaktes und Handelsabkommens mit der UdSSR» verwirklicht werden. Die Freiheit müsse zurückgewonnen werden: «Bevor man Europa in Ketten legte, versklavte man Deutschland.» Sie waren sicher: «Ein Endsieg des nationalsozialistischen Deutschland ist nicht mehr möglich. Jeder kriegsverlängernde Tag bringt nur neue unsagbare Leiden und Opfer.»

Das Berliner Flugblatt war mit seiner sozialistischen Ausrichtung politisch deutlich anders gelagert als die christlich-humanistischen Schriften der «Weißen Rose». Nahe war es ihnen aber in der Forderung nach «Überzeugungsfreiheit». Cato redigierte den Text, arbeitete mit an der Herstellung und dem Versand. Adressaten waren hauptsächlich Akademiker, deren Anschriften man dem Telefonbuch entnommen hatte. Die Auflagenhöhe ist nicht bekannt, nur, dass besorgte Empfänger insgesamt 288 Exemplare bei der Gestapo abgaben.

Cato Bontjes van Beek arbeitete nur wenige Wochen, aber an relevanter Stelle in der «Roten Kapelle» mit. Das genügte dem NS-Staat, um sie im September 1942 zu verhaften und im Januar 1943 wegen «Beihilfe zur Vorbereitung des Hochverrats und zur Feindbegünstigung» zum Tode zu verurteilen. Rund hundert weitere Akteure des Widerstandskreises wurden hingerichtet, oder ihnen wurden langjährige Haftstrafen auferlegt. In der langen Zeit ihrer Gefängnishaft bewies die junge Frau geistige Stärke und Widerstandskraft. Sechzehn lange Gedichte konnte sie auswendig und rezitierte sie jeden Tag. Die geistliche Barockmusik von Johann Sebastian Bach klang in ihr: «Es ist ein starker Glaube in mir», schrieb sie einem Freund, «und hier habe ich erfahren, dass ich schon immer religiös war, und dies hat mich nun sehr gefestigt.» Bei ihrer Lektüre konzentrierte sie sich auf das Wesentliche: «Ich finde, es ist die ganzen Jahrhunderte viel geschrieben worden, und nur weniges hat Bestand, und dazu gehört doch an die erste Stelle die Bibel. Ich bin sehr froh, dass ich das Neue Testament hier habe.» Ihrer Zellenkameradin las sie das Johannesevangelium vor: «Und wir beide waren ganz erschüttert von der ungeheuren Kraft, die von diesen Worten ausgeht.» Auch ihren Geschwistern riet sie, die Evangelien planvoll zu lesen: «Du glaubst gar nicht, wie stark man durch dieses systematische Lesen wird.» Sie war sich sicher, ihre Familie nach dem Tod wiederzusehen: «Es gibt keine räumliche Trennung, und was ist Zeit? Wir werden einmal alle wieder zusammen sein.»

Am 5. August 1943 wurde Cato Bontjes van Beek ins Zuchthaus Berlin-Plötzensee transportiert. Dort teilte man gegen 13 Uhr der Zweiundzwanzigjährigen mit, dass ihr Gnadengesuch abgelehnt sei und die Hinrichtung noch am selben Tag stattfinde. Hitler hatte die Empfehlungen des Präsidenten des Reichskriegsgerichts, Admiral Max Bastian, und von Reichsmarschall Hermann Göring, das Todesurteil in eine Zuchthausstrafe umzuwandeln, übergangen. Der evangelische Gefängnispfarrer besuchte Cato. Sie kannten sich von gemeinsamen Gottesdiensten und Gesprächen. Später berichtete der Geistliche, nach dem Abendmahl habe Cato gesagt: «Ich habe mich mit allem ausgesöhnt. Ich habe keinen Hass und bin niemandem gram. Ich liebe die Menschen wie vorher. [...] Nein, ich möchte nicht zurück. Ich will vorwärts. Dies ist kein Ende.» Mit ihr wurden innerhalb von fünfundvierzig Minuten weitere zwölf Frauen und drei Männer durch die Guillotine hingerichtet.

Zwischen Cato Bontjes van Beek und Sophie Scholl gibt es eine Vielzahl von Parallelen. Nicht nur, dass sie als junge Frauen ungeheuer mutig im Widerstand Flugblätter verbreiteten und deswegen ermordet wurden. Beide waren fromme Christinnen, fanden im Glauben und der Bibel Kraft und Visionen für ihr Leben, beteten, liebten Johann Sebastian Bach, lasen Augustinus, waren künstlerisch begabt, lebensfroh und schwermütig, sie hatten ein Gespür für Recht und Unrecht, waren moralisch rigoros und zwischenmenschlich voller Empathie: «Liebet eure Feinde!» Beide, die süddeutsche Erzieherin und Studentin und die norddeutsche Fliegerin und Keramikerin, verstanden sich selbst nicht als politische Menschen. Sophie Scholl schrieb am 29. Mai 1940 an ihren Freund Fritz Hartnagel: «Wenn ich auch nicht viel von Politik verstehe, und auch nicht den Ehrgeiz habe, es zu tun, so habe ich doch ein bißchen ein Gefühl, was Recht u. Unrecht ist.» Cato schrieb ganz ähnlich, «dass es nur eines gibt, und das ist die Liebe der Menschen untereinander. Ich bin kein politischer Mensch, ich will nur eins sein, und das ist: ein Mensch.» Für beide gilt, was die Schriftstellerin Ilse Aichinger über Sophie sagte:

> Es war natürlich ein politischer Widerstand. Aber was ist nicht politisch, wenn Grenzen einmal überschritten sind. Zugleich würde ich sagen: Es war noch mehr als ein politischer Widerstand. Es war auch ein Widerstand von ganz innen her. Eigentlich ein Widerstand des Lebens, der Wahrheit, der Wärme und des Geistes vor allem. (Vinke, S. 214 f.)

«Greuelpropaganda»: Walter Klingenbeck

Auch über vier siebzehn und achtzehn Jahre alte Münchner katholische Jugendliche wurden am 24. September 1942 Haft- und Todesstrafen verhängt (siehe Gedenkstätte Deutscher Widerstand).

Sie waren drei bzw. vier Jahre jünger als Sophie Scholl. Führender Kopf des Kreises war der Kaufmann und Schaltmechaniker Walter Klingenbeck. Das Gericht verurteilte die Gruppe wegen «Rundfunkverbrechen», Anbringen von Parolen an Häuserwänden, mündlicher Verbreitung von «Greuelpropaganda» und der Planung von Flugblattverteilungen. Sie hatten ausländische Sender gehört, unter anderem BBC und Radio Vatikan, und Versuche mit einem eigenen Rundfunksender begonnen. Sie folgten einem Aufruf der BBC, ein «V» für «victory» als Ankündigung des Siegs der Alliierten an Hauswände zu schreiben. Die nächtlichen «Schmieraktionen» mit Pinsel und Lackfarbe fanden im Juli und August 1941 vor einer SS-Kaserne in München-Freimann und in München-Bogenhausen, nahe dem Englischen Garten, statt. Mehr als vierzig Protestzeichen entstanden. Nicht auszuschließen ist, dass die Graffiti Hans Scholl und Alexander Schmorell auf die Idee brachten, im Februar 1943 eigene Wandparolen zu schreiben. Außerdem versuchten die Jugendlichen, Gerüchte über sittliches Fehlverhalten von NS-Funktionären, insbesondere von Joseph Goebbels, zu verbreiten. Sie überlegten auch, mit einem ferngelenkten Flugzeug Blätter mit dem Text «Hitler kann den Krieg nie gewinnen, sondern nur verlängern» abzuwerfen. Das Vorhaben wurde aber nicht in die Tat umgesetzt. Nach der Graffiti-Aktion wurden die jungen Leute denunziert und am 26. Januar 1942 verhaftet.

Gegen Walter Klingenbeck, Daniel von Recklinghausen und Hans Haberl wurde die Todesstrafe verhängt, während Erwin Eidel zu acht Jahren Zuchthaus verurteilt wurde. Recklinghausen und Haberl begnadigte man drei Tage vor dem Hinrichtungstermin zu acht Jahren Zuchthaus. Als Klingenbeck davon erfuhr, schrieb er an seinem Todestag seinem Freund Haberl. Sein letzter Gruß ist voller Mitgefühl und Gottvertrauen:

> Lieber Jonny! Vorhin habe ich von Deiner Begnadigung erfahren. Gratuliere! Mein Gesuch ist allerdings abgelehnt. Ergo geht's dahin. Nimm's net tragisch. Du bist ja durch. Das ist schon viel wert. Ich habe soeben die Sakramente empfangen und bin jetzt ganz gefaßt. Wenn Du etwas für mich tun willst, bete ein paar Vaterunser. Leb wohl. Walter. (Du hast mich heimgesucht bei Nacht, S. 67 f.)

Über Klingenbeck hatte das Gericht zuvor geurteilt, bei ihm trete

> die staatsfeindliche Einstellung so klar hervor, dass sie als Beweggrund seines Handelns ohne weiteres erkennbar und von ihm auch

> nicht bestritten worden ist. [...] Wer in der Notzeit des Krieges in dieser verbrecherischen Weise seinem Volk in den Rücken fällt, ist ein Verräter und hat keinen Platz mehr in der deutschen Volksgemeinschaft.

Der Vorsitzende Richter Karl Engert hatte im Vormonat bereits Helmuth Hübener zum Tode verurteilt. 1946 erklärte man ihn im Nürnberger Juristenprozess krankheitsbedingt für verhandlungsunfähig.

Walter Klingenbeck wurde am 5. August 1943 in München-Stadelheim enthauptet.

In Berlin-Plötzensee starb am selben Tag auch Cato Bontjes van Beek durch die Guillotine. Aus der Gefängniszelle hatte sie ihre Mutter gebeten, sie möge eine Aufführung von Johann Sebastian Bachs Matthäus-Oratorium besuchen und dabei an ihre Geschwister, den Freund und sie denken, denn vor ein paar Nächten habe sie geträumt, die Matthäus-Passion zu erleben. Es sei wunderbar gewesen. Und: «Es ist doch herrlich, daß diese göttlichen Dinge uns allen gehören und daß ein sterblicher Mensch sie zu schaffen vermochte.»

Dank

Dr. Ulrich Nolte und Angelika von der Lahr vom Verlag C.H.Beck haben mit Kompetenz und Einfühlungsvermögen diesem Band formal und inhaltlich nachhaltig Profil verliehen. Dr. Martin Kalusche, Dr. Andreas Knieß, Dr. Konrad Rahe und Ulrich Trebbin begleiteten mit ihren verständigen Kommentaren und genauen Korrekturen das Werden der Monografie. Ihnen allen – und Angelika Maus – danke ich sehr herzlich.

die widmung sagt, wie viel ich meiner frau beatrix verdanke

Zeittafel

1937–1940

Im März 1937 bestehen Hans Scholl in Ulm, Alexander Schmorell in München, Christoph Probst in Schondorf am Ammersee und Willi Graf in Saarbrücken ihr Abitur. Nach dem Arbeitsdienst – für Scholl, Schmorell, Probst auch Wehrdienst – beginnen sie an verschiedenen Orten mit dem Studium der Medizin. Ab dem Wintersemester 1939/40 studieren alle an der Ludwig-Maximilians-Universität München. Sie werden 1940 gemustert und zu einer Münchner Sanitätsersatzabteilung eingezogen. Kurt Huber ist zu dieser Zeit außerordentlicher Professor für Philosophie, Psychologie und Volksliedkunde. Die Studenten besuchen seine Vorlesungen. Im März 1940 erlangt Sophie Scholl in Ulm die Hochschulreife. Danach beginnt sie eine Ausbildung zur Kindergärtnerin (Erzieherin).

1941

März *Sophie Scholl besteht ihre Prüfung als Kindergärtnerin. Sie beginnt einen halbjährigen Reichsarbeitsdienst in Krauchenwies bei Sigmaringen.*
Thomas Mann spricht seine seit Oktober 1940 ausgestrahlten monatlichen BBC-Rundfunkansprachen «Deutsche Hörer!» persönlich ein: Hitler «ist der Feind der Menschheit, nur er, und vor ihm muß die Welt gerettet werden».

April Jugoslawien unterzeichnet die bedingungslose Kapitulation. Die Wehrmacht besetzt Griechenland.

Mai Hitlers Stellvertreter Rudolf Heß fliegt ohne Ermächtigung nach Schottland, um für den Frieden zwischen dem Deutschen Reich und dem Vereinigten Königreich zu werben. Er wird gefangen genommen.
Schiffe der Royal Navy versenken in der Nordsee das Schlachtschiff «Bismarck» mit über 2000 Marinesoldaten.
Der letzte deutsche Kaiser Wilhelm II. (geb. 1859) stirbt im «Haus Doorn», seinem Exilwohnsitz in der niederländischen Provinz Utrecht.

22. Juni Ohne vorherige Kriegserklärung beginnt der Angriff der Wehrmacht gegen die Sowjetunion mit dem Ziel der Vernichtung des «jüdischen Bolschewismus» und der Eroberung des europäischen Teils des Landes. Die USA erhöhen massiv ihre Rüstungs- und Hilfslieferungen an die Sowjetunion.

Juli Reichsmarschall Hermann Göring weist SS-Gruppenführer Reinhard Heydrich, Chef der Sicherheitspolizei und des Sicherheitsdienstes, an, «einen Gesamtentwurf über die [...] angestrebte Endlösung der Judenfrage vorzulegen».

August Nach kirchlichen Protesten werden die «Euthanasie»-Morde ausgesetzt, aber schon nach wenigen Monaten wieder verdeckt fortgeführt.

September *Sophie Scholl beginnt ihren halbjährigen Kriegshilfsdienst in Blumberg/Schwarzwald.*

Alle, die als Juden gelten, müssen ab dem sechsten Lebensjahr einen gelben sechszackigen Stern tragen, auf dem in schwarzer Schrift «Jude» steht; sie dürfen nicht mehr auswandern.

In der Ukraine werden bei dem Massaker von Babyn Jar bei Kiew etwa 34 000 Menschen, überwiegend Juden, erschossen.

Oktober Beginn der Schlacht um Moskau. Es gehe, so Hitler, gegen einen Gegner, der «nicht aus Menschen besteht, sondern aus Tieren, aus Bestien».

Oktober/November Das Regime deportiert – unter den Augen der Bevölkerung – Zehntausende Juden in Sonderzügen in Ghettos und Konzentrationslager im besetzten Polen und Baltikum.

Die Royal Air Force bombardiert Hamburg, Berlin, Köln, Mannheim und München.

Dezember Die *Familie Scholl erhält Predigten des Münsteraner Bischofs von Galen, in denen er die Tötung Behinderter anprangert.*

Wegen Nachschubmängeln, Schlamm, Schnee, Frost und eines Gegenangriffs der Roten Armee müssen sich die deutschen Truppen mehr als 100 Kilometer zurückziehen. Hitler übernimmt den Oberbefehl über das Heer.

Japanische Marineluftstreitkräfte überfallen Pearl Harbor, den Flottenstützpunkt der US-Marine auf Hawaii. Daraufhin erklären die USA Japan den Krieg. Die Kriegserklärungen Deutschlands und Italiens an die USA erwidert Amerika. Der Krieg in Europa wird zum Weltkrieg.

Thomas Mann fragt in einer Sondersendung der BBC zum Weihnachtsfest: «Wie ist euch zumute, Deutsche, beim Fest des Friedens, dem Fest der Lichtgeburt, dem Fest der niedergestiegenen, den Menschen geborenen Barmherzigkeit? Rate ich recht, daß Scham und grenzenlose Sehnsucht euch dabei erfüllen: Sehnsucht nach Unschuld – aus der Verstrickung in irrsinnige Schuld, in der ihr euch windet; Scham, heiße Scham vor dem Liebesgeist dieses Festes?»

1942

Januar Am Neujahrstag verspricht Hermann Göring im «Völkischen Beobachter», das neue Jahr werde den «sicheren Sieg dem deutschen Menschen, auch den ersehnten Frieden» bringen.

In der Sowjetunion durchbricht die Rote Armee die Verbindung zwischen den deutschen Heeresgruppen Nord und Mitte. Hitler gibt den Befehl zum Rückzug der Heeresgruppe Mitte vor Moskau. Im Laufe dieses ersten großen Sieges der Roten Armee über die Wehrmacht sterben mindestens 600 000 deutsche Soldaten. Nur in Afrika gibt es noch Erfolge: Das

Afrikakorps der Wehrmacht steht vor El Alamein, 100 Kilometer vor Alexandria.

Bei der sogenannten «Wannsee-Konferenz», einer von Reinhard Heydrich geleiteten Besprechung von Spitzenvertretern der «zweiten Reihe» aus Reichssicherheitshauptamt, Ministerialbürokratie, NSDAP und den Verwaltungs- und Polizeibehörden in den besetzten Gebieten, wird die «Endlösung der Judenfrage» administrativ vorbereitet.

Zum neunten Jahrestag der nationalsozialistischen Machtübernahme erklärt Hitler im Berliner Sportpalast: «Ich habe am 1. September 1939 im Deutschen Reichstag schon ausgesprochen, [...] daß dieser Krieg nicht so ausgehen wird, wie es sich die Juden vorstellen, [...] sondern daß das Ergebnis dieses Krieges die Vernichtung des Judentums sein wird. Zum erstenmal wird diesmal das echt altjüdische Gesetz angewendet: Aug' um Aug', Zahn um Zahn.»

Februar Der US-amerikanische Regierungssender «Voice of America» strahlt erstmals sein Programm nach Deutschland aus.

Der sogenannte «Ostarbeiter-Erlaß» forciert den gewaltsamen Einsatz von Zwangsarbeitern, Kriegsgefangenen und KZ-Häftlingen für die Kriegsproduktion.

Die britische Luftwaffe beginnt Flächenbombardements «without restriction» auf die Zivilbevölkerung in Deutschland. Nach der Zerstörung der Altstadt Lübecks am Palmsonntag sagt Thomas Mann in seiner BBC-Rundfunkansprache, er «habe nichts einzuwenden gegen die Lehre, daß alles bezahlt werden muß».

April Adolf Hitler wird durch Beschluss des Großdeutschen Reichstags Oberster Gerichtsherr, ohne an Rechtsvorschriften gebunden zu sein. Gesetzgebende, ausführende und richterliche Gewalt liegen nun diktatorisch in seiner Hand.

Bomber der Royal Air Force greifen Rostock an.

Die deutsche Luftwaffe beginnt mit der Bombardierung militärisch unbedeutender, aber kulturell herausragender Städte im Vereinigten Königreich (Exeter, Norwich, York, Canterbury).

Nach Auschwitz lässt die SS ab Sommer 1942 in der «Aktion Reinhard(t)» im «Generalgouvernement» weitere Vernichtungslager errichten, in denen Millionen Menschen ermordet werden.

Mai *Sophie Scholl studiert in München Philosophie und Naturwissenschaft. Sie leiht sich von Fritz Hartnagel tausend Reichsmark und bittet ihn um einen gesiegelten Bezugsschein für ein Vervielfältigungsgerät.*

Die Widerstandsgruppe des Kreisauer Kreises trifft sich erstmals in Schlesien auf dem Gut von Helmuth James von Moltke.

Josef Frings wird zum Erzbischof von Köln geweiht. Er bezeichnet öffentlich die Judenverfolgung als «himmelschreiendes Unrecht», ohne dafür belangt zu werden.

Der evangelische Theologe Dietrich Bonhoeffer trifft in Stockholm den

anglikanischen Lordbischof von Chichester, George Bell. Doch die Alliierten lehnen Friedensgespräche mit dem militärischen Widerstand ab.
Köln wird von über tausend Bombern gleichzeitig angegriffen.

Juni *Erster direkter Kontakt der Studenten der «Weißen Rose» mit Professor Kurt Huber.*

Juni SS-Obergruppenführer Reinhard Heydrich, Leiter der Wannsee-Konferenz, stirbt am 4. Juni in Prag an den Folgen eines Attentats. Als Vergeltung machen Einheiten der Sicherheitspolizei und der SS das Bergarbeiterdorf Lidice bei Prag dem Erdboden gleich. 189 männliche Einwohner ab fünfzehn Jahren werden erschossen, Frauen und Kinder in Konzentrationslager verschleppt.
Im Deutschen Reich dürfen jüdische Schüler nicht mehr unterrichtet werden.
Der Film «Die große Liebe» kommt in die Kinos. Der erfolgreichste Film des Dritten Reichs enthält zahlreiche Schlager, die als Durchhalteparolen verstanden werden, so «Davon geht die Welt nicht unter» und «Ich weiß, es wird einmal ein Wunder gescheh'n». Zarah Leander interpretiert die von Michael Jary (Melodie) und Bruno Balz (Text) geschriebenen Lieder.

Juni/Juli *Hans Scholl und Alexander Schmorell verbreiten die ersten vier Flugblätter der «Weißen Rose».*

Juli *Hans Scholl, Alexander Schmorell und Willi Graf müssen bis November zu einer Frontfamulatur nach Russland. Tags zuvor Abschiedsabend im Atelier des Architekten Manfred Eickemeyer.*
Im Zuge der «Aktion Reinhard(t)» werden von Juli 1942 bis Oktober 1943 1,6 bis 1,8 Millionen Juden und etwa 50000 Roma aus dem «Generalgouvernement» im deutsch besetzten Polen in den Vernichtungslagern Belzec, Sobibor, Treblinka und Majdanek ermordet.
Luftangriffe auf Danzig, Hamburg, Düsseldorf, Köln, Essen, Krefeld, Duisburg und Gelsenkirchen.
In Amsterdam ziehen die dreizehnjährige Anne Frank und ihre Familie in ein Versteck im Geschäftshaus ihres Vaters.
Die Deportation und Ermordung von Juden wird im zweiten Halbjahr 1942 erheblich ausgeweitet.

August *Sophie Scholl muss in den Semesterferien im August/September in einer bei Ulm gelegenen Schraubenfabrik Kriegshilfsdienst leisten.*
Fritz Hartnagel wird in Russland zum Hauptmann befördert.
Ein Sondergericht verurteilt Robert Scholl zu vier Monaten Gefängnis, weil er Hitler eine «Gottesgeißel» genannt hat. Im November erhält er Berufsverbot.
Der Schweizer Bundesrat bekräftigt die Zurückweisung von jüdischen Deutschen, «auch wenn [...] Gefahren für Leib und Leben» daraus entstehen.
Neben der britischen Luftwaffe fliegen auch die United States Army Air Forces Angriffe auf deutsche Städte.

Die 6. Armee unter Generalmajor Friedrich Paulus erreicht die Außenbezirke Stalingrads. Deutsche Flugzeuge bombardieren die Wolgastadt, ungefähr 40 000 Menschen – überwiegend Zivilisten – sterben.
Unter hohen Verlusten scheitert ein Landungsversuch der Westalliierten bei Dieppe.

September Hitler entlässt den Chef des Generalstabes des Heeres Generaloberst Franz Halder.
Thomas Mann erwähnt in seiner BBC-Rundfunksendung ausführlich den Massenmord an den europäischen Juden: «Jetzt ist man bei der Vernichtung, dem maniakalischen [wahnhaften] Entschluß zur völligen Austilgung der europäischen Judenschaft angelangt. [...] Kein vernunftbegabtes Wesen kann sich in den Gedankengang dieser verjauchten Gehirne versetzen.»

Oktober Anne Frank schreibt in ihr Tagebuch: «Heute habe ich nur traurige und deprimierende Nachrichten. Unsere jüdischen Freunde und Bekannten werden in Mengen weggeholt. Die Gestapo geht nicht zart mit ihnen um. [...] Wenn es hier in Holland so schlimm ist, wie furchtbar wird es dort in der Ferne sein, wohin sie verschickt werden? Das englische Radio berichtet von Gaskammern, aber vielleicht ist das noch die schnellste Vernichtungsmethode.»
Die Royal Air Force bombardiert Osnabrück, die deutsche Luftwaffe Canterbury.

November *Die Studentenkompanie kehrt aus Russland zurück. Alexander Schmorell und Hans Scholl versuchen, weitere Mitstreiter zu gewinnen.*
Die 6. Armee wird bei Stalingrad eingekesselt.
Die Alliierten besiegen bei El Alamein in Ägypten das Afrikakorps der Wehrmacht.
Die Erfurter Firma J. A. Topf & Söhne reicht am 5. November im Reichspatentamt in Berlin eine Erfindung «für einen kontinuierlich arbeitenden Leichen-Verbrennungsofen für Massenbetrieb» ein. Tags zuvor hatte das Unternehmen der Bauleitung der Waffen-SS und der Polizei in Auschwitz die «Bauseitige Lieferung» von «5 Einäscherungs-Öfen, 2 Sarg-Einführungs-Verrichtungen, 3 Saugzug-Anlagen, 1 Müll-Verbrennungsofen» zugesagt.

Dezember *Hans und Sophie Scholl beziehen im Hinterhaus in der Franz-Joseph-Str. 13b zwei Zimmer. Das fünfte Flugblatt wird inhaltlich vorbereitet.*
Bomberverbände fliegen Angriffe auf Pforzheim, Karlsruhe, Mannheim und Duisburg sowie auf Eisenbahnstrecken in Westdeutschland. Die Alliierten haben die Lufthoheit über Europa errungen, auf allen Kriegsschauplätzen sind sie in der Offensive.
Reichsführer SS Heinrich Himmler ordnet die Deportation von Sinti und Roma aus dem Deutschen Reich an.

1943

Januar *Das fünfte Flugblatt «Aufruf an alle Deutsche!» wird verbreitet. Während der Architekt Manfred Eickemeyer im besetzten «Generalgouvernement» tätig ist, arbeitet der Maler Wilhelm Geyer in dessen Atelier.*
26 Staaten, unter ihnen die USA, Großbritannien und die Sowjetunion, schließen ein Militärbündnis. Die gemeinsame «Deklaration der Vereinten Nationen» nennt als Hauptziel die Niederlage Deutschlands.
In der Casablanca-Konferenz legen die Westalliierten als Kriegsziel die «bedingungslose Kapitulation» Deutschlands fest. Die Luftangriffe werden verstärkt.
Hitler telegrafiert an den kommandierenden General der 6. Armee, Paulus: «Kapitulation ausgeschlossen. Truppe verteidigt bis zuletzt.»
Die britische Armee erobert in Nordafrika Tripolis.
Am zehnten Jahrestag der «Machtübernahme» greifen alliierte Luftverbände erstmals tagsüber Berlin an. Görings Ansprache verzögert sich um eine Stunde: «Wenn Deutschland zusammenbricht […], werden die Bolschewisten über Europa fegen.» Es folgen mehrfache Bombardements auf Hamburg, Wilhelmshaven, Köln, Nürnberg und Berlin.

Januar/Februar In Stalingrad stellen am 31. Januar Generalfeldmarschall Paulus mit seinen Soldaten des Süd-Kessels und der Mittel-Kessel unter Generaloberst Herz die Kampfhandlungen ein. Am 2. Februar 1943 kapitulieren im Nord-Kessel 40 000 deutsche und rumänische Soldaten unter General Strecker. Das ist das Ende der Schlacht von Stalingrad. Das Oberkommando der Wehrmacht lässt am 3. Februar 1943 mittags im Großdeutschen Rundfunk eine Sondermeldung verlesen: Die 6. Armee sei vor Stalingrad «bis zum letzten Atemzug» kämpfend einer «Übermacht» und «ungünstigen Verhältnissen» erlegen.

Februar *Anfang Februar erhält Hans Scholl von Wilhelm Geyer den Schlüssel zum Atelier Manfred Eickemeyers. Hans Scholl, Alexander Schmorell und Willi Graf schreiben nachts Widerstandsparolen an Münchner Gebäude. Das sechste Flugblatt «Kommilitoninnen! Kommilitonen!» wird verbreitet.*

18. Febr. *Am Vormittag werden Hans und Sophie Scholl, abends Willi Graf verhaftet. In den nächsten Tagen nimmt man Christoph Probst, Alexander Schmorell und Kurt Huber fest.*

22. Febr. *Todesurteile gegen die Geschwister Scholl und Christoph Probst. Sie werden noch am selben Tag hingerichtet.*

19. April *Unterstützer und Mitwisser der «Weißen Rose» verurteilt man zu Freiheitsstrafen, Alexander Schmorell, Kurt Huber und Willi Graf zum Tode. Alexander Schmorell und Kurt Huber werden am 13. Juli, Willi Graf am 12. Oktober hingerichtet.*

Mit der Guillotine des Gefängnisses Stadelheim wurden während der NS-Zeit rund 1180 Menschen geköpft. Die Fallschwertmaschine befindet sich in München im Depot des Bayerischen Nationalmuseums (siehe Trebbin).

Quellen

Wenn nicht anders angegeben, erfolgen die Zitate aus den Akten des Bundesarchivs Berlin zur «Weißen Rose», dem Nachlass von Inge Aicher-Scholl im Institut für Zeitgeschichte München und dem Landesarchiv Nordrhein-Westfalen (siehe «Archive»). Ein unentbehrlicher Fundus zur «Weißen Rose» ist das quellenkritische Kompendium von Martin Kalusche für 1943: quellen-weisse-rose.de.

Archive

Bundesarchiv (BA) Berlin-Lichterfelde:
R 3001 118436; R 3001 147268; R 3017 34635; R 3018 1704 ZK SED
Institut für Zeitgeschichte München (IfZ):
Nachlass Inge Aicher-Scholl, IfZ ED 474
Inge Scholl, Biographische Notizen, IfZ ZS A 0026 04
Falk Harnack, Die Weiße Rose, Es war nicht umsonst. Erinnerungen an die Münchener revolutionären Studenten (Oktober 1947) [ergänzende Abschrift], IfZ 12.13., Band 225
Erinnerungen Else Gebel, November 1946, IfZ 12.13. Band 223
Landesarchiv Baden-Württemberg, Staatsarchiv Ludwigsburg:
Patientenakte Hermann Probst, Privatheilanstalt Esslingen-Kennenburg, PL 423; Bü 1330
Landesarchiv Nordrhein-Westfalen, Abteilung Rheinland:
Gerichte Rep. 0017 Nr. 292–295, 299, Düsseldorf/Duisburg
Stadtarchiv Crailsheim:
Sammlung Hartnagel
Scholl-/Grimminger-Sammlung
Stadtarchiv München:
K 4: Nachlass Kurt Huber, Nr. 19, 164
Privatarchiv Catrin Felkel (Gauting):
Catrin Felkel, «Wehret den Anfängen ...» Erinnerungen zweier Frauen an ihre Zeit bei den ‹Jungmädels›. Unveröffentlichtes Manuskript, 1990er Jahre
Privatarchiv des Autors:
Briefe von Sophie Scholl und von Elisabeth Scholl an Hildegard Schüle

Briefwechsel, Dokumente, Zeitzeugenberichte

Aicher, Otl: innenseiten des kriegs, Frankfurt am Main 1985

(Aicher-)Scholl, Inge: Die Weiße Rose, Frankfurt am Main 1952. Erweiterte Neuausgabe, Frankfurt am Main 1982

–: Sippenhaft. Nachrichten und Botschaften der Familie in der Gestapo-Haft nach der Hinrichtung von Hans und Sophie Scholl, Frankfurt am Main 1993

Alt, Karl: Todeskandidaten. Erlebnisse eines Seelsorgers im Gefängnis München-Stadelheim mit zahlreichen im Hitlerreich zum Tode verurteilten Männern und Frauen, Military Government Information Control License Number US-E-110, München 1946

Bassler, Sibylle: Die Weiße Rose. Zeitzeugen erinnern sich, Reinbek bei Hamburg 2006

Belloc, Hilaire: Die Juden. Übersetzung und Nachwort von Theodor Haecker, München 1927 (Originalausgabe: The Jews. An Essay, London 1922)

Chaussy, Ulrich/Ueberschär, Gerd R.: «Es lebe die Freiheit!» Die Geschichte der Weißen Rose und ihrer Mitglieder in Dokumenten und Berichten, Frankfurt am Main 2013

Gollwitzer, Helmut/Kuhn, Käthe/Schneider, Reinhold (Hg.): Du hast mich heimgesucht bei Nacht. Abschiedsbriefe und Aufzeichnungen des Widerstandes 1933–1945, München 1959

Graf, Willi: Briefe und Aufzeichnungen. Mit einer Einleitung von Walter Jens, hg. von Anneliese Knoop-Graf und Inge Jens, Frankfurt am Main 1988

–: Jeder Einzelne trägt die ganze Verantwortung, hg. von der Landeshauptstadt Saarbrücken, Saarbrücken 2020

Haecker, Theodor: Tag- und Nachtbücher, 1939–1945, München/Kempten 1947 (erste vollständige und kommentierte Ausgabe, hg. von Hinrich Siefken, Innsbruck 1989)

Huber, Clara (Hg.): Kurt Huber zum Gedächtnis. Bildnis eines Menschen, Denkers und Forschers. Dargestellt von seinen Freunden, Regensburg 1947

Huber, Kurt: Leibniz. Der Philosoph der universalen Harmonie, hg. von Inge Köck in Verbindung mit Clara Huber, München 1951 (Neuausgabe München/Zürich 1989)

Mann, Thomas: Deutsche Hörer! Radiosendungen nach Deutschland aus den Jahren 1940–1945, Frankfurt am Main 2013 (5. Auflage)

Maritain, Jacques: Résponse à Jean Cocteau. Correspondance 1923–1963, Paris 1993

Schmorell, Alexander/Probst, Christoph: Gesammelte Briefe, hg. von Christiane Moll, Berlin 2011

Scholl, Hans/Scholl, Sophie: Briefe und Aufzeichnungen, hg. von Inge Jens, Berlin (Ost) 1987

Scholl, Sophie/Hartnagel, Fritz: Damit wir uns nicht verlieren, Briefwechsel 1937–1943, hg. von Thomas Hartnagel, Frankfurt am Main 2005

Wir Mädel singen, Liederbuch des Bundes Deutscher Mädel, hg. von der Reichsjugendführung, Wolfenbüttel/Berlin, 1937 (2., erweiterte Ausgabe 1939)

Literatur

Bald, Detlef: Die «Weiße Rose». Von der Front in den Widerstand, Berlin 2004

– (Hg.): «Wider die Kriegsmaschinerie». Kriegserfahrungen und Motive des Widerstandes der «Weißen Rose», mit einem Vorwort von Eugen Biser, Essen 2005

– /Knab, Jakob (Hg.): Die Stärkeren im Geiste – zum christlichen Widerstand der Weißen Rose, Essen 2012

Benz, Wolfgang: Die Weiße Rose, Ditzingen 2017

–: Im Widerstand. Größe und Scheitern der Opposition gegen Hitler, München 2018

Beuys, Barbara: Sophie Scholl. Biografie, München 2010

Blaha, Tatjana: Willi Graf und die Weiße Rose. Eine Rezeptionsgeschichte, München 2003

Ernst, Christian: Die *Weiße Rose* – eine deutsche Geschichte? Die öffentliche Erinnerung an den Widerstand in beziehungsgeschichtlicher Perspektive, Göttingen 2018

Gailus, Manfred: Gläubige Zeiten. Religiosität im Dritten Reich, Freiburg/Basel/Wien 2021

Gebhardt, Miriam: Die Weiße Rose. Wie aus ganz normalen Deutschen Widerstandskämpfer wurden, München 2017

Gottschalk, Maren: Schluss, jetzt werde ich etwas tun. Die Lebensgeschichte der Sophie Scholl, Weinheim/Basel 2012

–: Wie schwer ein Menschenleben wiegt. Sophie Scholl. Eine Biographie, München 2020

Heißerer, Dirk: Der Name der Weißen Rose, in: Karl H. Pressler (Hg.): Aus dem Antiquariat, Heft 5, München 1991, S. A 169–177

Hikel, Christine: Sophies Schwester. Inge Scholl und die Weiße Rose (Quellen und Darstellungen zur Zeitgeschichte, Bd. 94), München 2012

Hirzel, Hans: Flugblätter der Weißen Rose in Ulm und Stuttgart, in: Rudolf Lill (Hg.), Hochverrat? Die «Weiße Rose» und ihr Umfeld, unter Mitarbeit von Michael Kißener, Konstanz 1993, S. 89–119

–: Im Umfeld der «Weißen Rose». Erinnerungen an die Jahre 1942 bis 1945, Schnellroda 2014

Hirzel, Susanne: Vom Ja zum Nein. Eine schwäbische Jugend 1933 bis 1945, Tübingen 1998

Hockerts, Hans Günter: Todesmut und Lebenswille. Die Flugblattaktion der Geschwister Scholl am 18. Februar 1943. Vierteljahrshefte für Zeitgeschichte, Vol. 70, Nr. 3, 2022, S. 447–474

Huber, Wolfgang (Hg.): Die Weiße Rose. Kurt Hubers letzte Tage, München 2018

Huch, Ricarda: In einem Gedenkbuch zu sammeln. Bilder deutscher Widerstandskämpfer, hg. von Wolfgang Matthias Schwiedrzik, Leipzig 1998

Jens, Inge: Über die Weiße Rose, in: Neue Rundschau 95, Heft 1/2 (1984), S. 193–213

Klein, Peter: Die Wannsee-Konferenz vom 20. Januar 1942. Haus der Wannsee-Konferenz: ghwk.de/fileadmin/Redaktion/PDF/Konferenz/klein_wannsee-konferenz.pdf

Klönne, Arno: Jugendliche Opposition im «Dritten Reich», Erfurt 2013

Kuhn, Jörg Hannes: Im Schatten der Rose. Ernst Reden – Schöngeist, Lyriker, Schriftsteller. Ein kurzes jungenschaftliches Leben, Berlin 2021

Lill, Rudolf (Hg.), unter Mitarbeit von Michael Kißener: Hochverrat? Die «Weiße Rose» und ihr Umfeld, Konstanz 1993

Mayer, Eberhard: Die evangelische Kirche in Ulm 1918–1945, Ulm 1998

Mertz, Thomas: Christoph Probst. Ein Student der «Weißen Rose», Trier 2020

Möller, Klaus: Hans Konrad Leipelt, stolpersteine-hamburg.de

Moll, Christiane: Alexander Schmorell und Christoph Probst – Eine biographische Einführung, in: dies. (Hg.): Alexander Schmorell, Christoph Probst. Gesammelte Briefe. Berlin 2011, S. 23–280

Moser, Eva: otl aicher: gestalter, Ostfildern 2012

Newborn, Jud/Dumbach, Annette E.: Sophie Scholl and the White Rose, überarb. und erw. Ausgabe, Oxford 2006

Petry, Christian: Studenten aufs Schafott. Die Weiße Rose und ihr Scheitern, München 1968

Sachs, Ruth Hanna, White Rose History, 2 Vol. (Academic Version): Coming Together, Phoenixville 2003, 2005

Sander, Ulrich: Helmuth Hübener, Berlin (Ost) 1985

–: Jugendwiderstand im Krieg. Die Helmuth-Hübener-Gruppe 1941/1942, Bonn 2002

Schäfer, Franz Josef: Willi Graf und der Graue Orden. Jugendliche zwischen Kreuz und Hakenkreuz, St. Ingbert 2017

Scheer, Regina: Im Schatten der Sterne. Eine jüdische Widerstandsgruppe, Berlin 2004

Schüler, Barbara: «Im Geiste der Gemordeten ...». Die «Weiße Rose» und ihre Wirkung in der Nachkriegszeit, Paderborn u. a. 2000

Traven, B.: Die Weisse Rose, Frankfurt am Main 1978

Trebbin, Ulrich: Die unsichtbare Guillotine. Das Fallbeil der Weißen Rose und seine Geschichte. Regensburg 2023

tusk – Gesammelte Schriften und Dichtungen, hg. von Werner Helwig, Heidenheim an der Brenz 1962

Umlauf, Petra: Studentinnen an der LMU 1933–1945: Versuch einer Annäherung, in: Elisabeth Kraus (Hg.): Die Universität München im Dritten Reich – Aufsätze, Teil 1, München 2006, S. 505–560

Vielhaber, Klaus (Hg.): Gewalt und Gewissen. Willi Graf und die «Weiße Rose». Eine Dokumentation, Freiburg im Breisgau 1964

Vinke, Hermann: Cato Bontjes van Beek. «Ich habe nicht um mein Leben gebettelt». Ein Porträt. Berlin 2007

–: Das kurze Leben der Sophie Scholl, Ravensburg 1980

Waage, Peter Normann: Es lebe die Freiheit! Traute Lafrenz und die Weiße Rose, Stuttgart 2012

Die Wannsee-Konferenz und der Völkermord an den europäischen Juden. DVD zum Katalog der ständigen Ausstellung, Gedenkstätte Haus der Wannsee-Konferenz, Berlin 2008

Zankel, Sönke: Die WEISSE ROSE war nur der Anfang. Geschichte eines Widerstandskreises, Köln/Weimar/Wien 2006

–, Mit Flugblättern gegen Hitler. Der Widerstandskreis um Hans Scholl und Alexander Schmorell, Köln/Weimar/Wien 2008

Zoske, Robert M.: Sehnsucht nach dem Lichte. Zur religiösen Entwicklung von Hans Scholl: Unveröffentlichte Gedichte, Briefe, Texte, München 2014

–: Flamme sein! Hans Scholl und die Weiße Rose. Eine Biografie, München 2018

–: Es reut mich nichts. Sophie Scholl und die Weiße Rose – Porträt einer Widerständigen, Berlin 2020

Bildnachweis

Umschlaginnenseiten: Bundesarchiv BArch R3018/1704
Seite 11, 25: Stadtarchiv Crailsheim/Slg. Hartnagel
Seite 18: INTERFOTO/Friedrich
Seite 37, 52: © George (Jürgen) Wittgenstein/akg-images
Seite 44: ullstein bild
Seite 61: Privatbesitz Probst, aus: Schmorell, Alexander/Probst, Christoph: Gesammelte Briefe, hg. von Christiane Moll, Berlin 2011
Seite 74: INTERFOT/awkz
Seite 88: Stadtarchiv München
Seite 89: Bundesarchiv BArch, R3018/1704

Personenregister